AI⁺ 두뇌발달 프로젝트

똑똑한 컴퓨터 놀이

발 행 일 | 2026년 02월 23일(1판 1쇄)

ISBN | 978-89-5960-493-7

정 가 | 14,000원

집 필 | 렉스미디어기획팀

진 행 | 안영선

표지디자인 | 디자인앨리스

발 행 처 | (주)렉스미디어

발 행 인 | 안광준

주 소 | 경기도 파주시 정문로 588번길 24

홈 페 이 지 | www.rexmedia.net

이 책의 차례

이 책의 차례

자료 다운로드 안내

1 렉스미디어 홈페이지(www.rexmedia.net)에 접속한 후 왼쪽 상단의 [특강/코딩 교재]를 클릭해요.

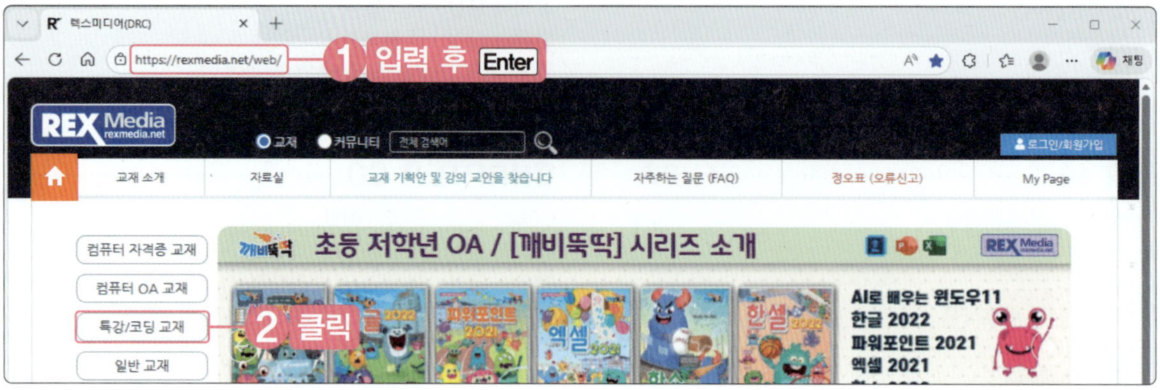

2 특강/코딩 교재 안내 페이지가 나타나면 [초등|특강 교재]–[두뇌발달 프로젝트 똑똑한 컴퓨터 놀이]를 클릭해요.

3 교재 상세 페이지가 나타나면 [학습 자료]를 클릭해요.

자료 다운로드 안내

4 자료실 페이지가 나타나면 **(두뇌발달 프로젝트 똑똑한 컴퓨터 놀이_학습자료)를 클릭**해요.

5 자료실 보기 페이지가 나타나면 **(다운로드(다운로드))를 클릭**하여 자료를 다운로드 받아요.

6 **파일 탐색기를 실행**한 후 다운로드 받은 파일을 **압축을 해제**하면 다음과 같이 (똑컴) 두뇌발달프로젝트 자료가 다운로드된 것을 확인할 수 있어요.

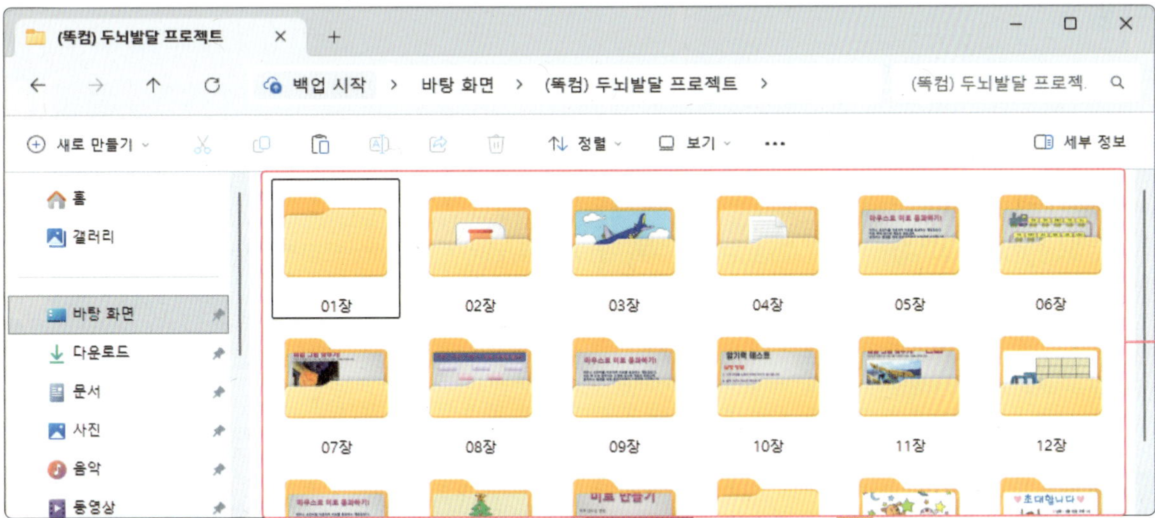

K마블 알아보기

1 K마블이 뭐에요?

- 'K마블'은 코딩아지트 연구원 아저씨들이 만든 키보드 타자, 마우스, 블록 코딩 연습을 위한 학습 프로그램이에요.

- 'K마블'은 **컴퓨터를 처음** 시작하는 어린이들은 물론 마우스나 키보드의 타자 속도가 느린 **초보자**들, 그리고 블록 코딩의 기초까지 배울 수 있는 새로운 방식의 **학습용 게임 프로그램**이에요.

- 먼저 **'K마블'**을 사용하기 위해서는 간단한 **회원가입**이 필요해요.

K마블이란?
키보드(Keyboard), 마우스(Mouse), 블록 코딩(Block Coding)의 첫 글자를 조합하여 만든 이름이에요.

K마블 회원가입

1 K마블 홈페이지(www.kmabl.co.kr)에 **접속**한 후 〔**로그인하러 가기**〕를 **클릭**해요.

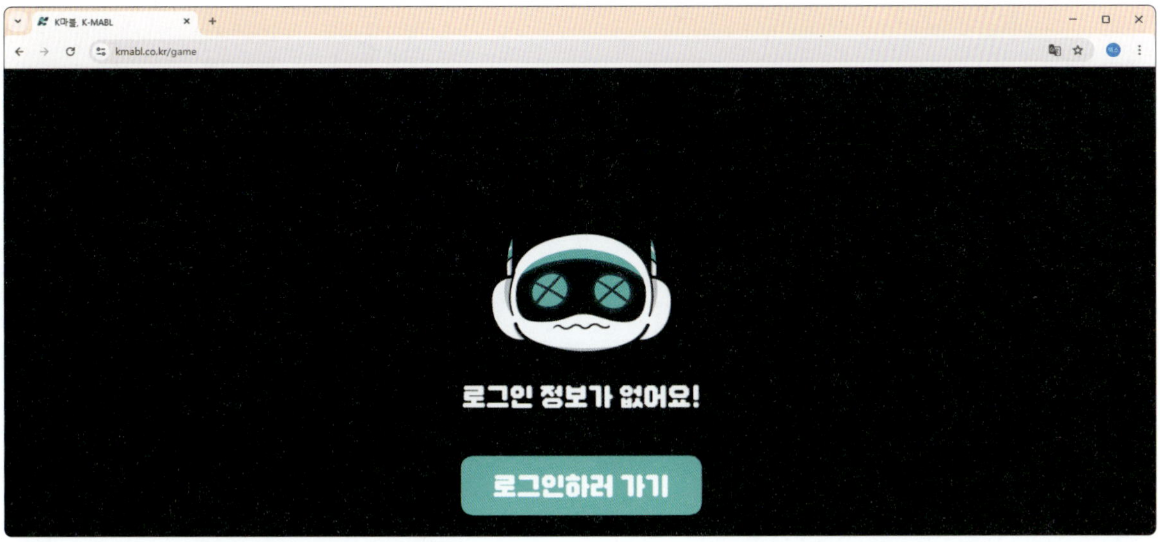

2 로그인 창 아래 〔**회원 가입**〕을 **클릭**해요.
〔약관 동의〕 페이지가 나타나면 '이용약관 동의', '개인정보 취급방침 동의', '마케팅 활용 동의'를 클릭(체크)한 후 〔다음〕을 클릭해요.

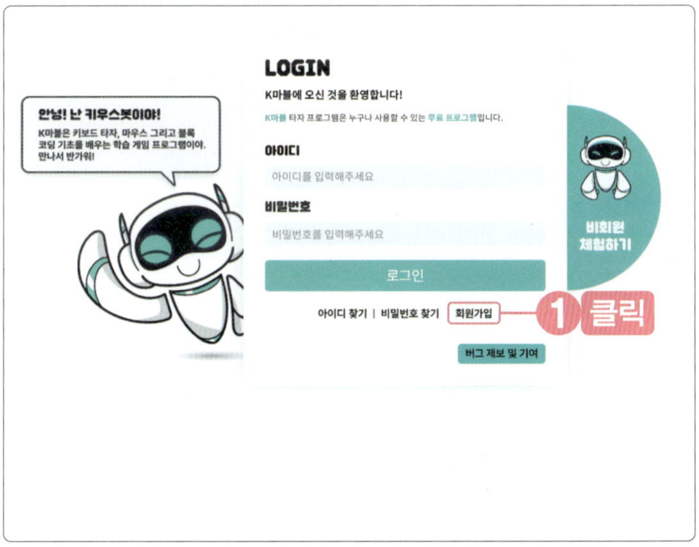

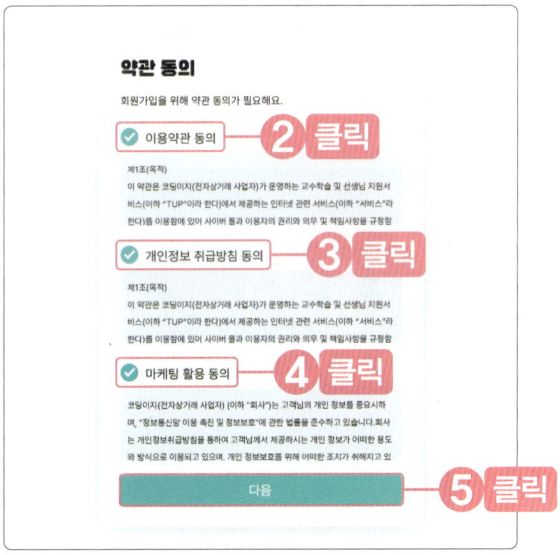

회원가입 없이 〔비회원 체험하기〕로 K마블 사용시 기본적인 기능만 사용할 수 있어요.
그리고 통계 자료 및 대전 게임등은 할 수 없어요.

K마블 회원가입

3 컴퓨터 교실에서 학습하는 경우 (**학생회원**)을 **클릭**한 후 (**다음**)을 **클릭**해요.

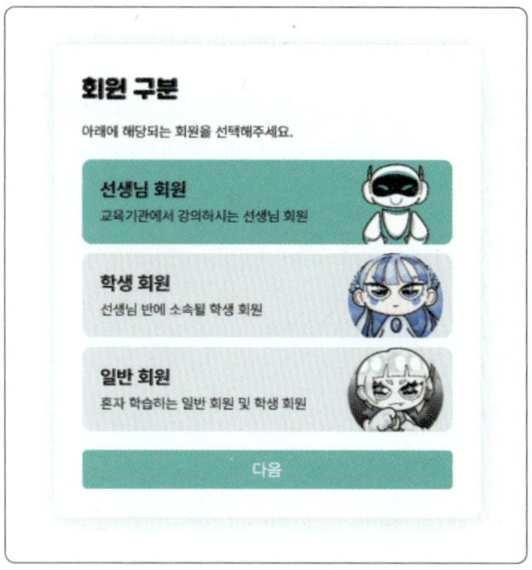

▲ 선생님 회원

▲ 학생 회원

▲ 일반 회원

- 선생님께서 학생들 회원가입을 미리 할 수도 있습니다.
- 학생 회원(어린이, 청소년) 가입시 부모 동의 없이 가입할 수 있도록 중요한 개인정보는 취급하지 않습니다.

4 빈칸에 이름, 닉네임, 아이디, 비밀번호 등 자신의 정보를 입력해요.

5 회원가입이 완료되면 로그인해서 마우스, 키보드 등을 연습해요.

CHAPTER 01

마우스 교실 - 마우스 기능
마우스 교실 - 마우스 기능 익히기
키보드 교실 - 키보드의 기능
키보드 교실 - 키보드 영상체험하기
종합 활동 - 대칭 그림 그리기

학습날짜	선생님 확인	부모님 확인
월 일		

01 마우스 교실

마우스는 쥐(Mouse) 모양과 비슷하다고 해서 붙여진 이름으로 왼쪽과 오른쪽, 두 개의 단추가 있어요. 마우스의 왼쪽 단추는 검지, 오른쪽 단추는 중지에 올려놓고 다른 손가락으로 마우스를 감싸듯이 잡으면 되요. 그럼, 지금부터 마우스의 사용법에 대해 알아볼게요.

● 마우스의 기능

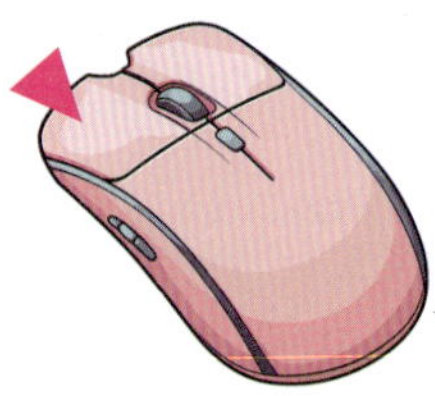

클릭(한 번 누르기)
마우스 왼쪽 단추를 한 번 누르는 동작으로 메뉴, 창, 대화상자, 아이콘 등을 선택하거나 시작 메뉴에 있는 프로그램을 실행할 때 사용해요.

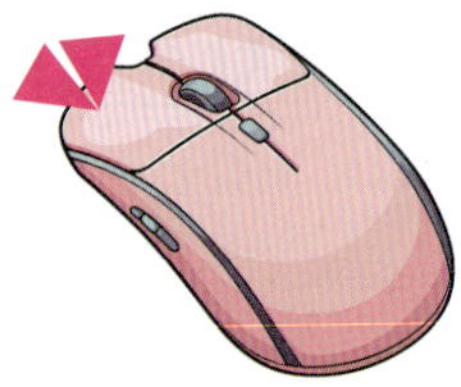

더블클릭(두 번 누르기)
마우스 왼쪽 단추를 연속으로 두 번 누르는 동작으로 프로그램을 실행할 때 사용해요.

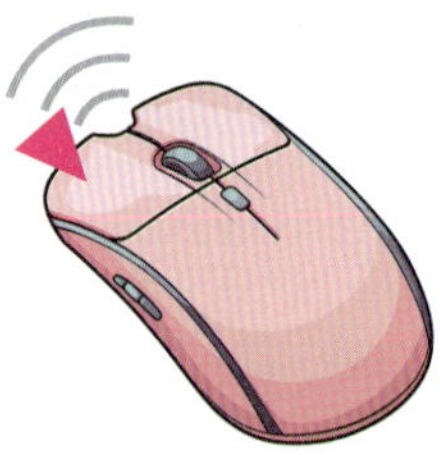

드래그(누른 상태에서 끌기)
마우스 왼쪽 단추를 누른 상태에서 끄는 동작으로 창, 대화상자, 아이콘 등을 이용할 때 사용해요.

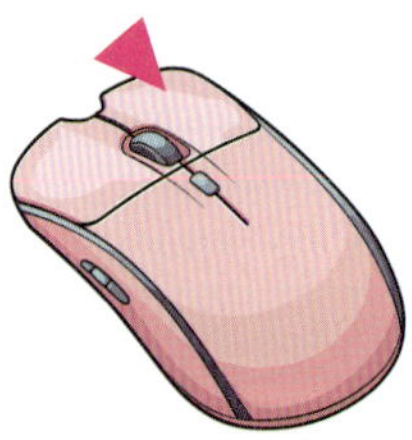

오른쪽 클릭(오른쪽 한 번 누르기)
마우스 오른쪽 단추를 한 번 누르는 동작으로 바로 가기 메뉴를 나타낼 때 사용해요.

01 마우스 교실

K마블 홈페이지에서 마우스 연습을 통해 마우스 사용법을 익히고 넘어가요.

▶ **K마블** : www.kmabl.co.kr
▶ **마우스 연습 경로**
[홈]-[마우스 & 키보드 학습게임]-
[마우스 학습게임]-[한글 자/모음 클릭하기]

● 마우스 기능 익히기

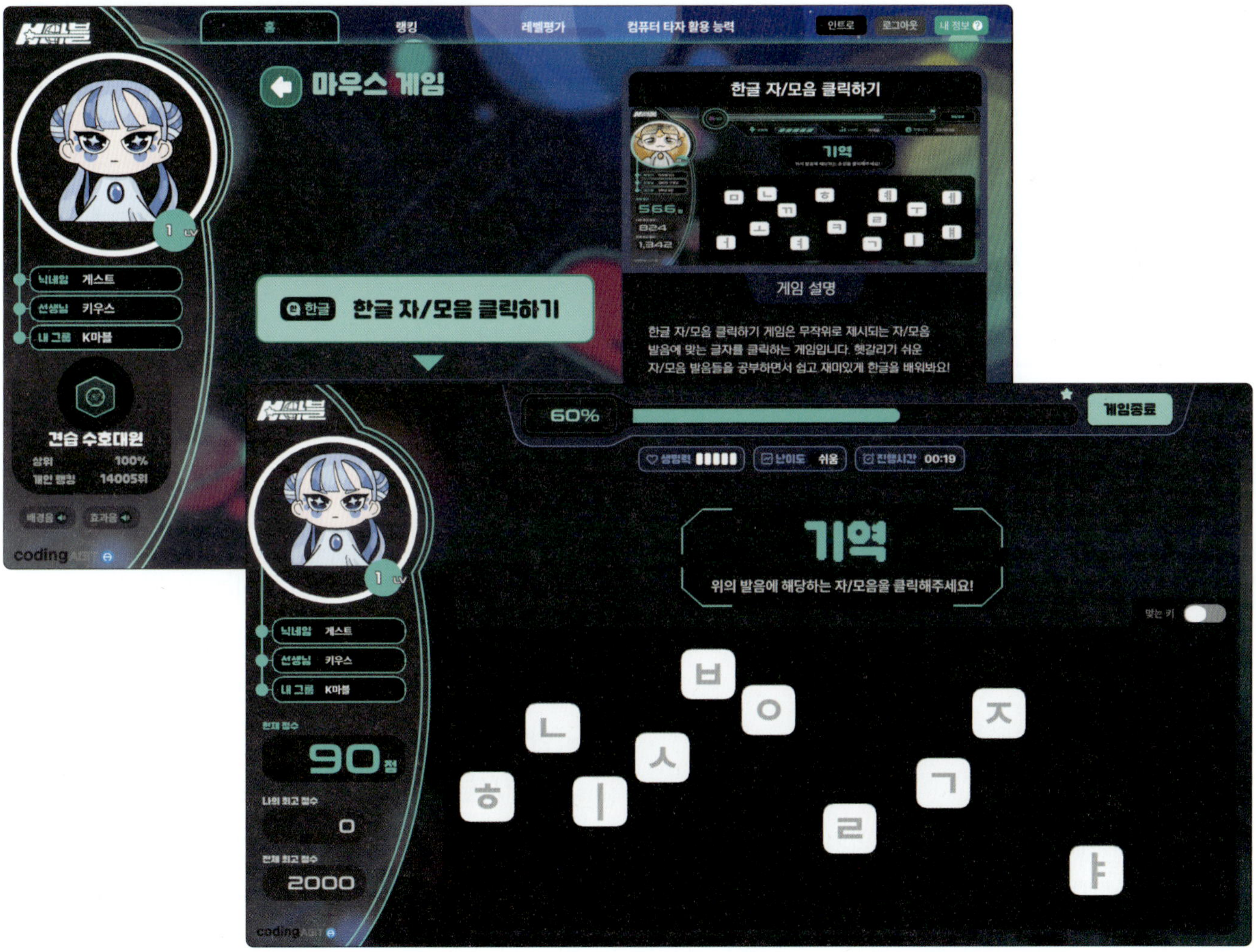

01 키보드 교실

키보드의 구성과 주요 기능키에 대해 알아볼게요.

● 키보드의 기능

Esc 이에스씨 : 명령 취소

Shift 시프트 : 다른키와 같이쓰는 조합키

한자 한자 : 한자로 변경

Enter 엔터 : 명령 실행 / 다음줄로 이동

Delete 딜리트 : 삭제

PageUp 페이지 업 : 페이지 위로 올림

Tab 탭 : 8칸 이동

Ctrl 컨트롤 : 다른키와 같이쓰는 조합키

SpaceBar 스페이스 바 : 빈 칸 입력, 사이띄우기

BackSpace(←) 백스페이스 : 왼쪽 글자 지움

Home 홈 : 처음으로 이동

PageDown 페이지다운 : 페이지 아래로 내림

CapsLock 캡스록 : 영문의 대 / 소문자 전환

Alt 알트 : 다른키와 같이쓰는 조합키

한/영 한영 : 한글과 영문 서로 전환

Insert 인서트 : 삽입 / 수정 상태 전환

End 엔드 : 끝으로 이동

NumLock 넘록 : 숫자 / 방향키 전환

01 키보드 교실

K마블 홈페이지에서 키보드 연습을 하기전에 "키보드 영상 체험"을 본 후 키보드 입력을 어떻게 하는지 알아볼게요.

▶ **K마블** : www.kmabl.co.kr
▶ **키보드 연습 경로**
[홈]-[마우스 & 키보드 학습게임]-[키보드 학습게임]-[키보드 자리 연습]

● 키보드 영상체험하기

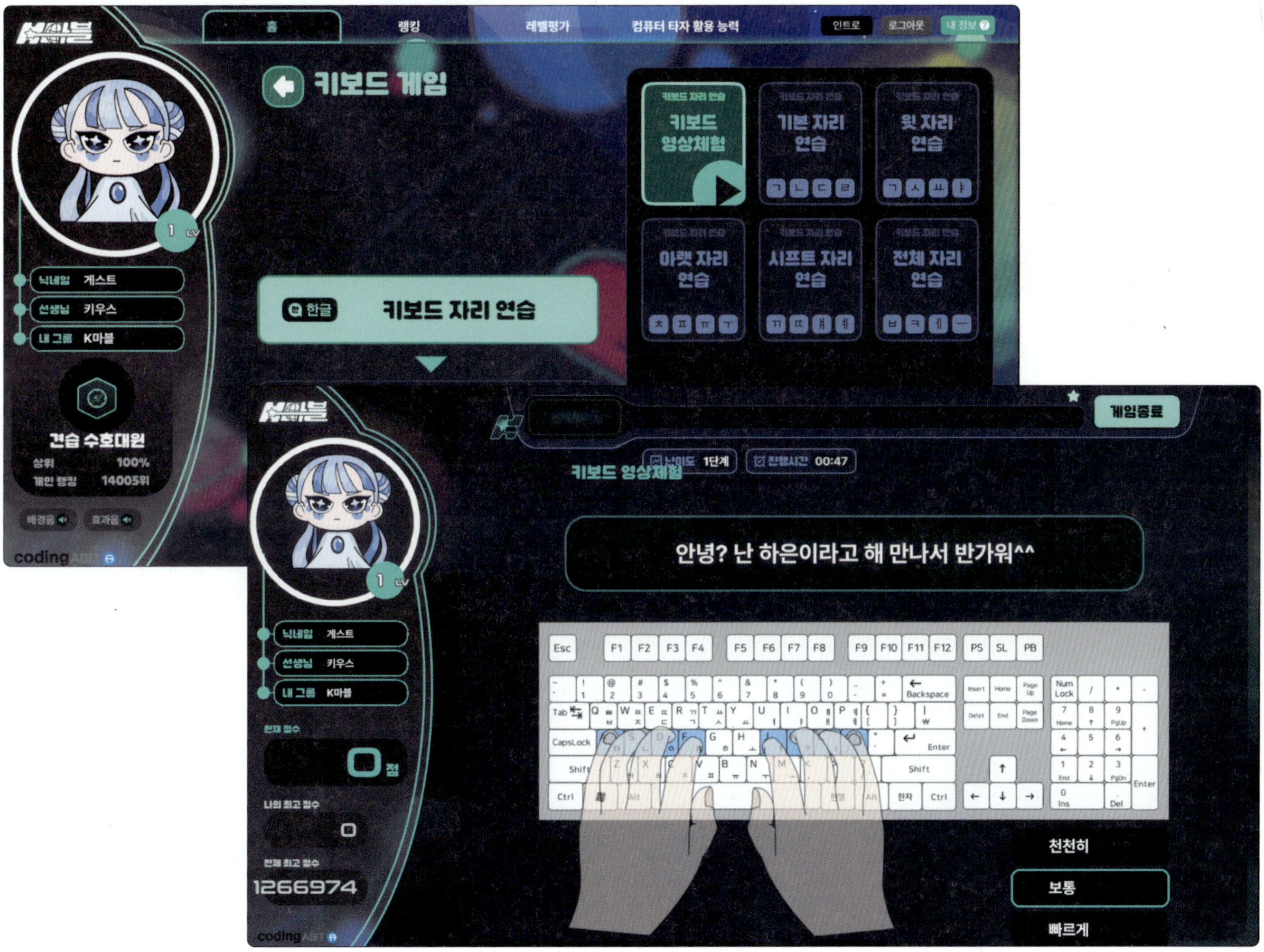

01 종합 활동

왼쪽과 같은 위치에 대칭 모양으로 오른쪽에 똑같이 그림을 그려 보세요.

● 대칭 그림 그리기

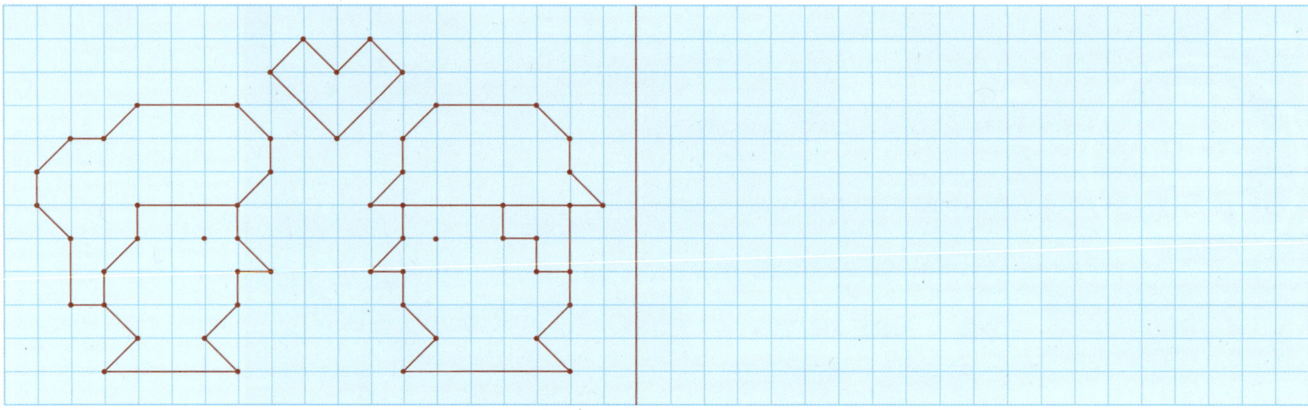

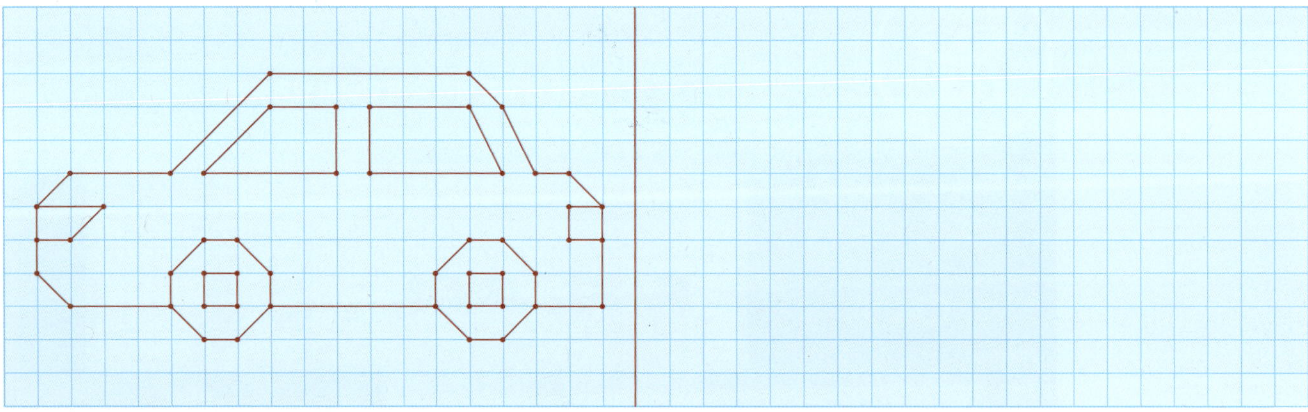

CHAPTER 02

마우스 교실 - 그림판 실행하기
마우스 교실 - 색 칠하기
키보드 교실 - 키보드 구성 맞추기
키보드 교실 - 키보드 자리 연습/기본 자리 연습
종합 활동 - 세탁기 만들기

학습날짜	선생님 확인	부모님 확인
월 일		

02 마우스 교실

그림판을 실행하고 그림 파일을 불러와 보세요.

● 그림판 실행하기

① [시작(⊞)] 단추를 클릭한 후 [그림판( )]을 클릭합니다.
※ [시작]-[모두]-[그림판]을 클릭하여 실행할 수도 있습니다.

② 그림판이 실행되면 예제 파일을 불러옵니다.
※ [파일]-[열기]-[(똑컴) 두뇌발달 프로젝트]-[02장]-'우리집.png' 파일을 열기

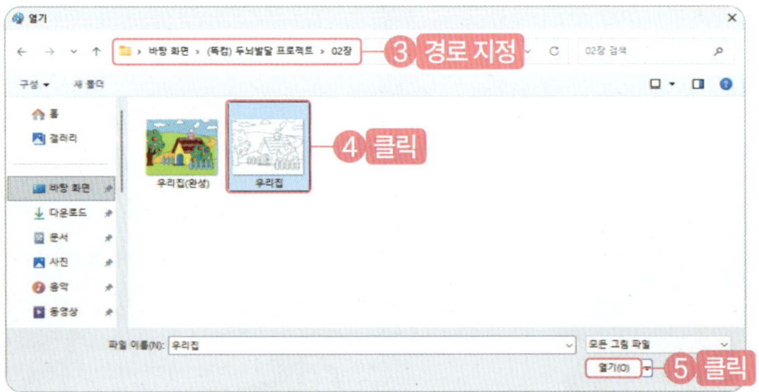

02 마우스 교실

언덕에 펼쳐진 푸른 잔디에 맛있는 과일이 풍성한 멋진 집을 만들어 보려고 해요.
그림판을 이용해 우리집을 색칠해서 부모님께 선물해 보세요.

▶ 그림판을 이용해서 예쁘게 색칠하기
▶ **파일 경로** : 02장\우리집.png
02장\우리집(완성).png

● 색 칠하기(그림판을 이용해요)

● 완성 그림

02 키보드 교실

키보드놀이 파일을 열고 화면에 표시된 키보드의 키에 해당하는 보기 단추를 눌러 놀이를 맞춰 보세요.

▶ **쇼 파일을 실행하여 놀이를 풀어보기**

▶ **파일 경로** : 02장\키보드놀이.ppsx

● 키보드 구성 맞추기

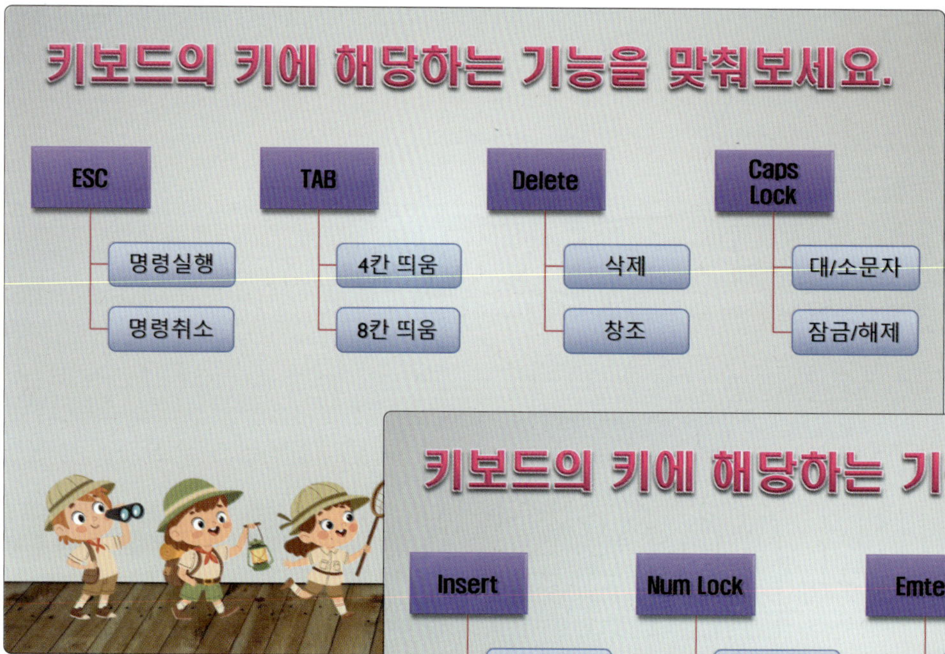

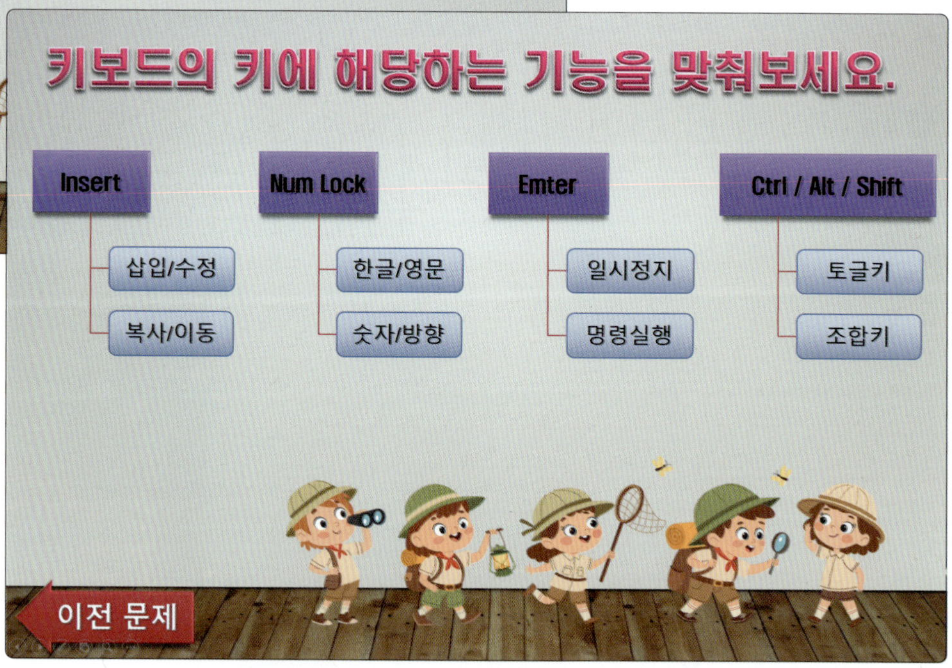

02 키보드 교실

K마블 홈페이지에서 키보드 학습게임의 키보드 자리 연습/기본 자리 연습을 해 보세요.

▶ K마블 : www.kmabl.co.kr
▶ 키보드 연습 경로
〔홈〕-〔마우스 & 키보드 학습게임〕-〔키보드 학습게임〕-〔기본 자리 연습〕

● 키보드 자리 연습(기본 자리 연습)

왼손 기본자리	오른손 기본자리
ㅁ ㄴ ㅇ ㄹ ㅎ	ㅗ ㅓ ㅏ ㅣ ; '

최종 점수	점	평균 정확도	%
	점		%
	점		%

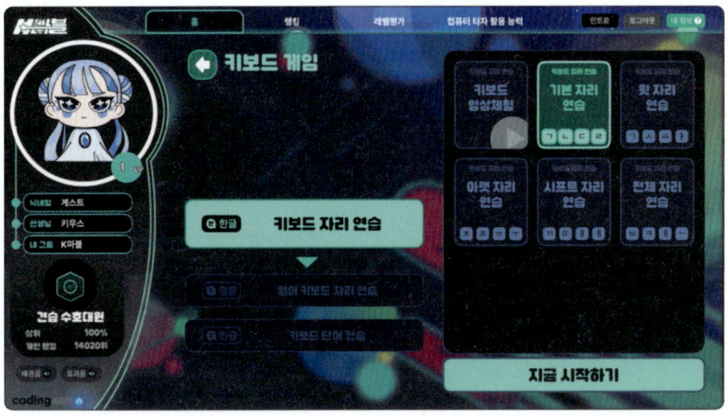

02 종합 활동

우리 가족 모두의 각종 옷들을 세탁하는 세탁기에는 어떤 장치들이 있을까요?
내가 만들고 싶은 세탁기의 필요한 장치를 그림으로 그려 보세요.

● 그림 그리기

CHAPTER 03

컴퓨터 교실 - 컴퓨터실에서는
창의력 교실 - 스도쿠 및 규칙 놀이
마우스 교실 - 색 칠하기
키보드 교실 - 키보드 자리 연습/윗 자리 연습
종합 활동 - 레고 Digital Desingner

학습날짜	선생님 확인	부모님 확인
월 일		

03 컴퓨터 교실

컴퓨터실에 오면 어떻게 해야 하는지에 대해 괄호 안에 들어갈 내용을 적어 보세요.
괄호 안에 정답은 없어요. 내 생각을 적으면 돼요.

● 컴퓨터실에서는(내 생각을 적어 보세요)

내 생각 :

내 생각 :

내 생각 :

내 생각 :

03 창의력 교실

스도쿠 놀이를 통해 창의력을 키워보세요.
아래는 스도쿠는 3×3스도쿠(숫자 1~3) 문제입니다.
규칙 : 가로/세로 블록마다 1~3이 한 번씩만 들어가요.

규칙 놀이를 통해 창의력을 키워보세요.
도형들의 규칙을 찾아 마지막 도형에 들어갈 색을 칠해 보세요.

● 스도쿠 놀이(빈칸에 들어갈 숫자를 적어 보세요)

1	2	
	3	
3		2

● 규칙 놀이(마지막 원의 색상을 칠해 보세요)

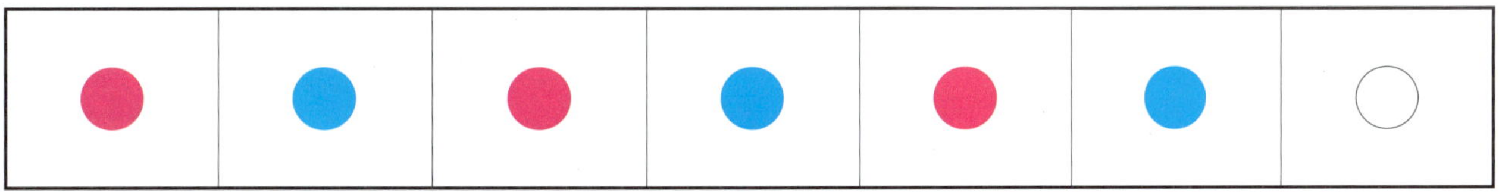

03 마우스 교실

높은 하늘에 멋지게 날고 있는 비행기가 있어요.
우리 친구들이 그림판을 이용해 비행기를 예쁘게 색칠해 보세요.

▶ 그림판을 이용해서 예쁘게 색칠하기
▶ 파일 경로 : 03장\비행기.png
03장\비행기(완성).png

● 색 칠하기(그림판을 이용해요)

● 완성 그림

03 키보드 교실

K마블 홈페이지에서 키보드 학습게임의 키보드 자리 연습/윗 자리 연습을 해 보세요.

▶ **K마블** : www.kmabl.co.kr

▶ **키보드 연습 경로**

[홈]-[마우스 & 키보드 학습게임]-[키보드 학습게임]-[윗 자리 연습]

● 키보드 자리 연습(윗 자리 연습)

왼손 윗 자리	오른손 윗 자리
ㅂ ㅈ ㄷ ㄱ ㅅ	ㅛ ㅕ ㅑ ㅐ ㅔ [ ]

최종 점수		평균 정확도	
	점		%
	점		%
	점		%

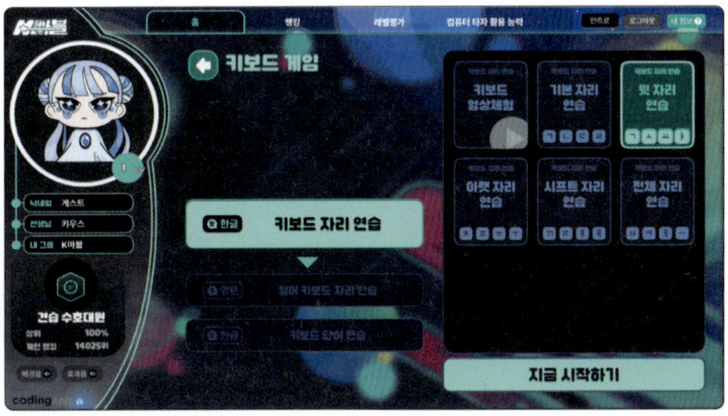

03 종합 활동

레고 Digital Desingner를 이용하여 마우스로 원하는 모양의
레고 블록을 조립해 보세요.

▶ **레고 프로그램으로 블록을 조립해 보기**
▶ **파일 경로** : 03장\Lego_setup.exe

● 레고 Digital Desingner

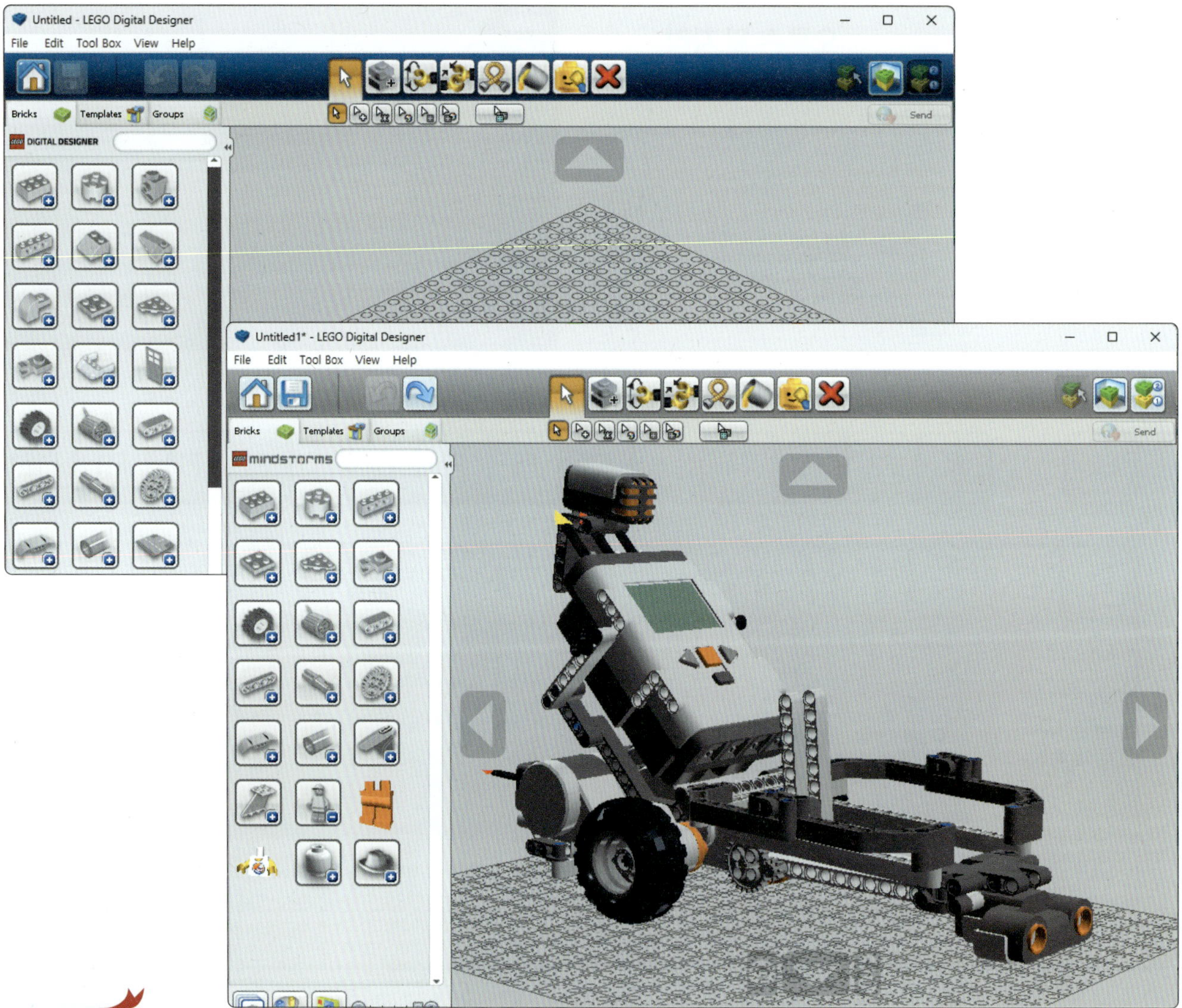

CHAPTER 04

컴퓨터 교실 - 수업시간에는
창의력 교실 - 스도쿠 및 규칙 놀이
마우스 교실 - 한글 자/모음 더블클릭
키보드 교실 - 내용 입력하기
종합 활동 - 같은 그룹 만들기

학습날짜	선생님 확인	부모님 확인
월　일		

04 컴퓨터 교실

수업시간에는 어떻게 해야 하는지에 대해 괄호 안에 들어갈 내용을 적어 보세요.
괄호 안에 정답은 없어요. 내 생각을 적으면 돼요.

● 수업시간에는(내 생각을 적어 보세요)

내 생각 :

내 생각 :

내 생각 :

내 생각 :

04 창의력 교실

스도쿠 놀이를 통해 창의력을 키워보세요.
아래는 스도쿠는 3×3스도쿠(그림 1~3) 문제입니다.
규칙 : 가로/세로 블록마다 그림이 순서대로 한 번씩만 들어가요.

규칙 놀이를 통해 창의력을 키워보세요.
도형들의 규칙을 찾아 마지막 도형에 들어갈 색을 칠해 보세요.

● 스도쿠 놀이(빈칸에 들어갈 과일을 그려 보세요)

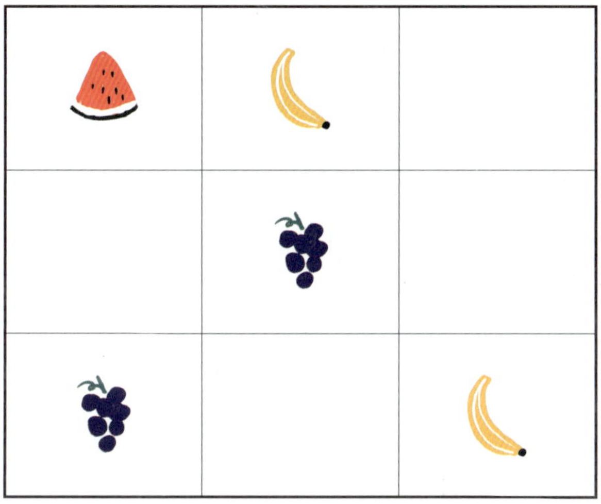

순서 : 

● 규칙 놀이(마지막 별의 색상을 칠해 보세요)

04 마우스 교실

K마블 홈페이지에서 마우스 학습 게임의 한글 자\모음 더블클릭을 연습 해 보세요.

▶ **K마블** : www.kmabl.co.kr

▶ **마우스 연습 경로**
(홈)-(마우스 & 키보드 학습게임)-(마우스 학습게임)-(한글 자/모음 더블클릭)

● 마우스 기능 익히기(한글 자/모음 더블클릭)

04 키보드 교실

기본 자리와 윗 자리 연습을 위해 메모장 프로그램을 실행한 후 아래 내용을 입력해 보세요.
자판을 보지않고 항상 기본 자리의 손가락 위치를 생각하면서 입력해야 도움이되요.

▶ **메모장을 이용해서 입력하기**
▶ **파일 경로** : 04장\내용입력(완성).txt

● 내용 입력하기

가가나나 바바아아 자자라라 다다너너 바나가자 마다라아 거거너너
버버어어 저저러러 더더너너 버너거저 머더러어 기기니니 비비이이
지지리리 디디니니 비니기지 미디리이 바니거리 저리머기 나너더지
라저버니 디더머리 가지비이 거니미버 자기너버 저디리미 자기디이
바다너머 머리자라 기나디리 아리나바 다지비리 디가나자 바자나가
리저거러 가다자바 기디지비 너저기비 저니어미 너지리머 저버리디
이저버기 미라지거 아저기버 더리다너 다리디너 저디저비 다지저다
자디자나 자기자버 어리자미 자이라지 저다리거 저거자리 저라나니

나라 마님 이리 미리 노란 하나 만남
오이 미나리 나리 남 로마 이날 어머니
나날이 말머리 어린이 아이 얼마 어머나 너랑나랑
오징어 덥다 애정 대머리 벼락 교량 담벼락
대견 거리 에누리 할머니 기도 모종 사모하다
명사 이야기 여러 맴돌다 벙거지 요강 미래

04 종합 활동

보기의 과일 중에서 서로 관련이 있는 과일들의 그룹 이름을 만들고 해당 과일을 서로 묶어보세요.

같은 그룹 만들기

보기의 과일 중에서 서로 관련이 있는 과일을 찾아서 서로 묶어 보세요.

❶

❷

❸

❹

❺

❻

❼

❽

1	동그랗지 않은 과일	–	❶ 딸기, ❸ 바나나, ❼ 스타후르츠
2		–	
3		–	

CHAPTER 05

컴퓨터 교실 - 컴퓨터실에서 바른자세
창의력 교실 - 스도쿠 및 규칙 놀이
마우스 교실 - 색 칠하기
키보드 교실 - 키보드 단어 연습/기본 자리 단어연습
종합 활동 - 마우스로 미로 통과하기

학습날짜	선생님 확인	부모님 확인
월 일		

05 컴퓨터 교실

컴퓨터실에서 바른자세는 어떻게 해야 하는지에 대해 괄호 안에 들어갈 내용을 적어 보세요.
괄호 안에 정답은 없어요. 내 생각을 적으면 돼요.

● 컴퓨터실에서 바른자세(내 생각을 적어 보세요)

내 생각 :

내 생각 :

내 생각 :

내 생각 :

05 창의력 교실

스도쿠 놀이를 통해 창의력을 키워보세요.
아래는 스도쿠는 3×3스도쿠(숫자 1~3) 문제입니다.
규칙 : 가로/세로 블록마다 1~3가 한 번씩만 들어가요.

규칙 놀이를 통해 창의력을 키워보세요.
도형들의 규칙을 찾아 빈칸에 들어갈 도형을 그려 보세요.

● 스도쿠 놀이(빈칸에 들어갈 숫자를 적어 보세요)

		1
1		3
3		

● 규칙 놀이(빈칸에 들어갈 도형을 그려 보세요)

■	■	●	■	■	●	

05 마우스 교실

우리 친구들이 좋아하는 맛있는 과일이 있네요. 새콤달콤 맛있는 과일로 표현하여 예쁘게 색칠해 보세요.

- ▶ 그림판을 이용해서 예쁘게 색칠하기
- ▶ 파일 경로 : 05장\과일.png
  05장\과일(완성).png

● 색 칠하기(그림판을 이용해요)

● 완성 그림

05 키보드 교실

K마블 홈페이지에서 키보드 학습게임의 키보드 단어 연습/기본 자리 단어연습을 해 보세요.

▶ **K마블** : www.kmabl.co.kr
▶ **키보드 연습 경로**
(홈)-(마우스 & 키보드 학습게임)-(키보드 학습게임)-(키보드 단어 연습)

● 키보드 단어 연습(기본 자리 단어연습)

회차	1회	2회	3회	4회	5회	6회	7회	8회	9회	10회
점수										

05 종합 활동

파일을 열고 마우스로 미로를 통과하는 마우스 게임을 시작해 보세요.

▶ **쇼 파일을 실행하여 놀이를 풀어보기**

▶ **파일 경로** : 05장\마우스게임.ppsx

● 마우스로 미로 통과하기!

CHAPTER 06

컴퓨터 교실 - 컴퓨터 이정도는 알자
창의력 교실 - 스도쿠 및 규칙 놀이
마우스 교실 - 색 칠하기
키보드 교실 - 키보드 단어 연습/윗 자리 단어연습
종합 활동 - 끝말잇기 게임

학습날짜	선생님 확인	부모님 확인
월 일		

06 컴퓨터 교실

컴퓨터에 대해 알아보고 괄호 안에 들어갈 내용을 적어 보세요.
괄호 안에 정답은 없어요. 내 생각을 적으면 돼요.

● 컴퓨터 이정도는 알자(내 생각을 적어 보세요)

내 생각 :

내 생각 :

내 생각 :

내 생각 :

06 창의력 교실

스도쿠 놀이를 통해 창의력을 키워보세요.
아래는 스도쿠는 3×3스도쿠(그림 1~3) 문제입니다.
규칙 : 가로/세로 블록마다 그림이 순서대로 한 번씩만 들어가요.

규칙 놀이를 통해 창의력을 키워보세요.
그림들의 규칙을 찾아 빈칸에 들어갈 그림을 그려 보세요.

스도쿠 놀이(빈칸에 들어갈 과일을 그려 보세요)

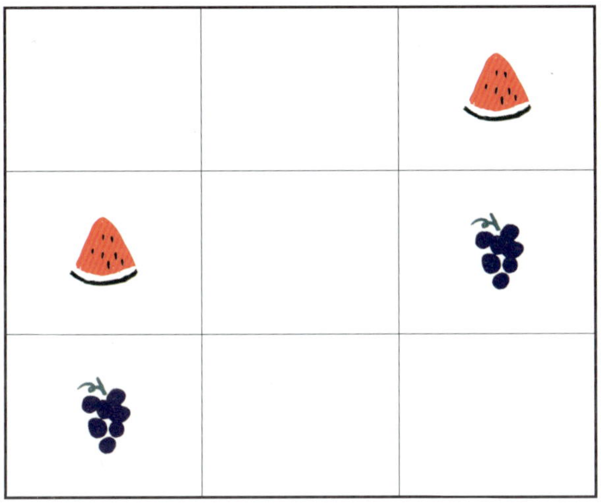

순서 : 

규칙 놀이(빈칸에 들어갈 과일을 그려 보세요)

06 마우스 교실

꽃을 좋아하는 친구를 위해 멋진 꽃 그림을 그리려고 해요. 화사하고 예쁜 모양의 화분으로 완성해 전해주면 친구가 좋아하겠죠?

▶ 그림판을 이용해서 예쁘게 색칠하기

▶ 파일 경로 : 06장\꽃.png
06장\꽃(완성).png

● 색 칠하기(그림판을 이용해요)

● 완성 그림

06 키보드 교실

K마블 홈페이지에서 키보드 학습게임의 키보드 단어 연습/윗 자리 단어연습을 해 보세요.

▶ **K마블** : www.kmabl.co.kr
▶ **키보드 연습 경로**
(홈)-(마우스 & 키보드 학습게임)-(키보드 학습게임)-(키보드 단어 연습)

● 키보드 단어 연습(윗 자리 단어연습)

회차	1회	2회	3회	4회	5회	6회	7회	8회	9회	10회
점수										

06 종합 활동

제시된 낱말의 마지막 음절로 시작되는 단어를 계속 연결해서 끝말잇기 게임을 해보세요.

● 끝말잇기 게임

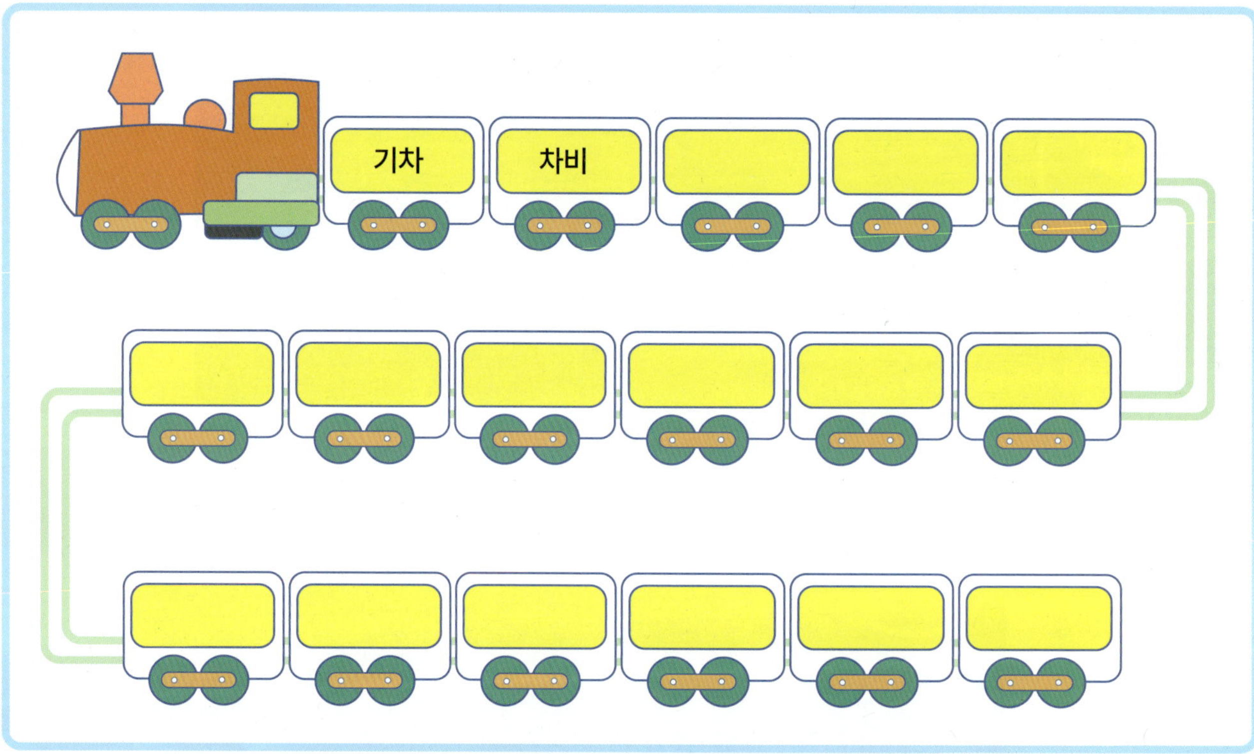

CHAPTER 07

컴퓨터 교실 - 컴퓨터 종류 알아보기
창의력 교실 - 스도쿠 및 규칙 놀이
마우스 교실 - 한글 자/모음 드래그하기
키보드 교실 - 내용 입력하기
종합 활동 - 퍼즐 맞추기

학습날짜	선생님 확인	부모님 확인
월 일		

07 컴퓨터 교실

컴퓨터 종류에 대해 괄호 안에 들어갈 내용을 적어 보세요.
괄호 안에 정답은 없어요. 내 생각을 적으면 돼요.

● 컴퓨터 종류 알아보기(내 생각을 적어 보세요)

내 생각 :

내 생각 :

내 생각 :

내 생각 :

07 창의력 교실

스도쿠 놀이를 통해 창의력을 키워보세요.
아래는 스도쿠는 4×4 스도쿠(숫자 1~4) 문제입니다.
규칙 : 가로/세로 블록마다 1~4가 한 번씩만 들어가요.

규칙 놀이를 통해 창의력을 키워보세요.
도형들의 규칙을 찾아 빈칸에 들어갈 도형을 그려 보세요.

● 스도쿠 놀이(빈칸에 들어갈 숫자를 적어 보세요)

		3	4
3	4		
	1	2	3
2			1

● 규칙 놀이(빈칸에 들어갈 규칙을 그려 보세요)

■	★	★	■	★	★	

07 마우스 교실

K마블 홈페이지에서 마우스 학습게임의 한글 자/모음을 드래그하여 글자를 완성해 보세요.

▶ **K마블** : www.kmabl.co.kr
▶ **마우스 연습 경로**
(홈)-(마우스 & 키보드 학습게임)-(마우스 학습게임)-(한글 자/모음 드래그하기)

● 한글 자/모음 드래그하기

07 키보드 교실

▶ **메모장을 이용해서 입력하기**
▶ **파일 경로** : 07장\내용입력(완성).txt

기본 자리와 윗 자리 연습을 위해 메모장 프로그램을 실행한 후 아래 내용을 입력해 보세요.
자판을 보지않고 항상 기본 자리의 손가락 위치를 생각하면서 입력해야 도움이되요.

내용 입력하기

쇼쇼슈슈 소소효효 수수호호 후후슈슈 휴휴쇼쇼 소소효효 후휴후휴
소쇼소쇼 호효호효 쇼소후휴 슈수효호 후휴쇼소 셔샤셔샤 혀햐혀햐
헤헤해해 셔셔새새 세세혀혀 햐햐세세 셔샤새세 혀햐해헤 헤햐해혀
세셔샤새 혀해세샤 셔새헤햐 려에우유 서후휴즈 거가지구 소라샤시
그네나랴 아랴호미 제구두유 지병주부 개가배수 드루겨시 내려가두
류스세셔 헤후수소 우쥬셔개 제지소스 져비네여 갸제조수 보메도요
애메호고 고메효구 재무드제 소무재수 사로히해 흐즈수게 보리소스

겨댜자애 서혀해게 쟈데이려 대제헤수 두구세서 데후서수 세시대제
혀주슈서 제도지수 져도지유 그기셔서 야구수구 나랑너랑 야디제조
지데저내 주소세셔 져주제호 새해수지 허두해즈 야소겨주 뉴수대로
대도게그 브세호루 내세주유 쟈스재보 여리제구 조르제수 소려주구
브겨루야 사개호그 수내배며 교수제고 소교부에 개서드베 도조그부
갸루겨르 주대브야 소레그로 벼노헤야 효도구수 매무수조 서수재허
구드우유 애게소로 수여흐매 햐후세소 드구재무 브게소헤 개구수주

07 종합 활동

파일을 열고 표시된 그림 조각을 키보드의 방향키와 마우스를 이용하여 하나의 그림으로 맞춰보세요.

▶ **그림판을 이용해서 예쁘게 색칠하기**

▶ **파일 경로** : 07장\퍼즐놀이.pptx
07장\퍼즐놀이(완성).pptx

● 퍼즐 맞추기

〔Hint〕
그림 조각을 선택한 후 Ctrl을 누르고 방향키를 누르면 미세하게 움직여요.

● 완성 모습

CHAPTER 08

컴퓨터 교실 - 창 조절하기
창의력 교실 - 스도쿠 및 규칙 놀이
마우스 교실 - 색 칠하기
키보드 교실 - 키보드 자리 연습/아랫 자리 연습
종합 활동 - 첫말잇기 게임

학습날짜	선생님 확인	부모님 확인
월 일		

08 컴퓨터 교실

컴퓨터 창을 조절하는 방법에 대해 괄호 안에 들어갈 내용을 적어 보세요.
괄호 안에 정답은 없어요. 내 생각을 적으면 돼요.

● 창 조절하기(내 생각을 적어 보세요)

내 생각 :

내 생각 :

내 생각 :

내 생각 :

08 창의력 교실

스도쿠 놀이를 통해 창의력을 키워보세요.
아래는 스도쿠는 4×4 스도쿠(그림 1~4) 문제입니다.
규칙 : 가로/세로 블록마다 그림이 순서대로 한 번씩만 들어가요.

규칙 놀이를 통해 창의력을 키워보세요.
그림들의 규칙을 찾아 빈칸에 들어갈 그림을 그려 보세요.

● 스도쿠 놀이(빈칸에 들어갈 동물을 그려 보세요)

순서 :

● 규칙 놀이(빈칸에 들어갈 동물을 그려 보세요)

08 마우스 교실

튤립 꽃이 피어 있는 풍차 풍경을 그리고 있어요. 우리 친구들이 꽃과 풍차를 멋지게 색칠해 보세요.

▶ 그림판을 이용해서 예쁘게 색칠하기
▶ 파일 경로 : 08장\풍차.png
08장\풍차(완성).png

● 색 칠하기(그림판을 이용해요)

● 완성 그림

08 키보드 교실

K마블 홈페이지에서 키보드 학습게임의 키보드 자리/아랫 자리 연습을 해 보세요.

▶ **K마블** : www.kmabl.co.kr
▶ **키보드 연습 경로**
[홈]-[마우스 & 키보드 학습게임]-
[키보드 학습게임]-[키보드 자리 연습]

● 키보드 자리 연습(아랫 자리 연습)

왼손 아랫 자리	오른손 아랫 자리
ㅋ ㅌ ㅊ ㅍ ㅠ	ㅜ ㅡ , . ₩

최종 점수		평균 정확도	
	점		%
	점		%
	점		%

08 종합 활동

파일을 열고 제시된 낱말의 첫 번째 음절로 시작되는 단어를 생각나는대로 입력해 보세요.

▶ **그림판을 이용해서 예쁘게 색칠하기**

▶ **파일 경로** : 08장\첫말잇기게임.pptx
08장\첫말잇기게임(완성).pptx

첫말잇기 게임

CHAPTER 09

컴퓨터 교실 - 바탕화면 알아보기
창의력 교실 - 스도쿠 및 규칙 놀이
마우스 교실 - 그림 그리기
키보드 교실 - 키보드 단어 연습/아랫 자리 단어연습
종합 활동 - 마우스로 미로 통과하기

학습날짜	선생님 확인	부모님 확인
월 일		

09 컴퓨터 교실

컴퓨터 바탕화면에 대해 괄호 안에 들어갈 내용을 적어 보세요.
괄호 안에 정답은 없어요. 내 생각을 적으면 돼요.

● 바탕화면 알아보기(내 생각을 적어 보세요)

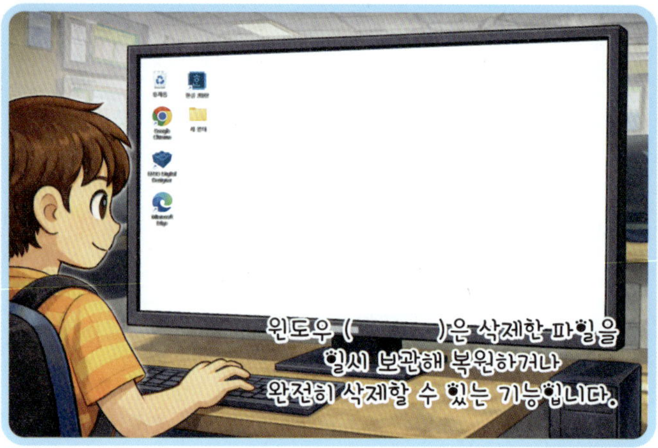

내 생각 :

내 생각 :

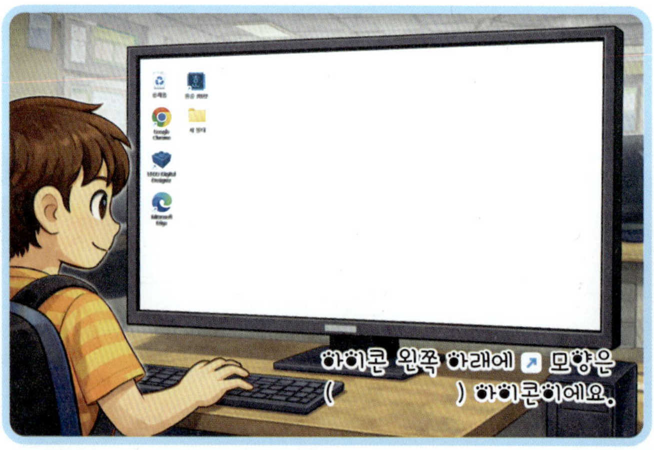

※ 바로가기 아이콘은 경로나 웹사이트 주소를 입력해 만들어요.

내 생각 :

※ 폴더는 컴퓨터에서 파일을 분류 · 저장하는 공간이에요.

내 생각 :

09 창의력 교실

스도쿠 놀이를 통해 창의력을 키워보세요.
아래는 스도쿠는 4×4 스도쿠(숫자 1~4) 문제입니다.
규칙 : 가로/세로 블록마다 1~4가 한 번씩만 들어가요.

규칙 놀이를 통해 창의력을 키워보세요.
숫자들의 규칙을 찾아 빈칸에 들어갈 숫자를 적어 보세요.

● 스도쿠 놀이(빈칸에 들어갈 숫자를 적어 보세요)

	4	1	
1			4
4		2	
	3		1

● 규칙 놀이(빈칸에 들어갈 숫자를 적어 보세요)

1	3	5	7	9	11	

09 마우스 교실

친구에게 줄 선물을 포장하기 위해 리본을 찾았는데 리본 끈이 너무 길어 자르고 싶어요. 어떤 도구가 필요할까요? 우리 친구들이 필요한 도구를 그리고 색칠해 보세요.

▶ 그림판을 이용해서 예쁘게 색칠하기
▶ 파일 경로 : 09장\리본.png
09장\리본(완성).png

● 그림 그리기(그림판을 이용해요)

● 완성 그림

09 키보드 교실

K마블 홈페이지에서 키보드 학습게임의 키보드 단어 연습/아랫 자리 단어 연습을 해 보세요.

▶ K마블 : www.kmabl.co.kr

▶ 키보드 연습 경로

[홈]-[마우스 & 키보드 학습게임]-[키보드 학습게임]-[키보드 단어 연습]

● 키보드 단어 연습(아랫 자리 단어연습)

09 종합 활동

파일을 열고 마우스로 미로를 통과하는 마우스 게임을 시작해 보세요.

▶ **쇼 파일을 실행하여 놀이를 풀어보기**

▶ **파일 경로** : 09장\마우스게임.ppsx

● 마우스로 미로 통과하기!

CHAPTER 10

컴퓨터 교실 - 컴퓨터로 할 수 있는 일
창의력 교실 - 스도쿠 및 규칙 놀이
마우스 교실 - 그림 그리기
키보드 교실 - 내용 입력하기
종합 활동 - 암기력 테스트

학습날짜	선생님 확인	부모님 확인
월 일		

10 컴퓨터 교실

컴퓨터로 할 수 있는 일에 대해 괄호 안에 들어갈 내용을 적어 보세요.
괄호 안에 정답은 없어요. 내 생각을 적으면 돼요.

● 컴퓨터로 할 수 있는 일(내 생각을 적어 보세요)

내 생각 :

내 생각 :

내 생각 :

내 생각 :

10 창의력 교실

스도쿠 놀이를 통해 창의력을 키워보세요.
아래는 스도쿠는 4×4 스도쿠(숫자 1~4) 문제입니다.
규칙 : 가로/세로 블록마다 1~4가 한 번씩만 들어가요.

규칙 놀이를 통해 창의력을 키워보세요.
숫자들의 규칙을 찾아 빈칸에 들어갈 숫자를 적어 보세요.

● 스도쿠 놀이(빈칸에 들어갈 숫자를 적어 보세요)

	3	1	4
1			3
4	1		2
		4	1

● 규칙 놀이(빈칸에 들어갈 숫자를 적어 보세요)

1	4	7	10	13	16	

10 마우스 교실

부모님께 받은 용돈을 안쓰고 모아 놓았는데 어디에 두어야 할 지 모르겠어요.
우리 친구들이 커다란 돼지 저금통을 만들어 받은 용돈을 보관할 수 있도록
만들어 주세요.

▶ **그림판을 이용해서 그려보기**

▶ **파일 경로** : 10장\저금통.png
10장\저금통(완성).png

● 그림 그리기(그림판을 이용해요)

● 완성 그림

10 키보드 교실

기본 자리와 윗 자리, 아랫 자리 연습을 위해 메모장 프로그램을 실행한 후 아래 내용을 입력해 보세요.
자판을 보지않고 항상 기본 자리의 손가락 위치를 생각하면서 입력해야 도움이되요.

▶ **메모장을 이용해서 입력하기**
▶ **파일 경로** : 10장\내용입력(완성).txt

● 내용 입력하기

파파피피 카카키키 파파피피 타타티티 커커타타 차차퍼퍼 키치키치
파티파티 키치키치 터피터피 키키크크 피처피처 파치파치 피카피카
치타치타 터터피피 크크피피 치치츠츠 프츠커피 트쿠트쿠 카터카터
퍼투피투 커추퍼추 트푸커푸 트피츠크 키티치피 커티퍼티 카파타피
츠느므리 므크피처 카키파피 프치프치 트피트피 크티크티 처커퍼터
카터퍼티 커피티퍼 타프터프 차프처프 퍼피터치 터치퍼피 티키치프
트피티키 차티프피 크크파피 트파츠피 퍼키티처 타피키트 마피카드

파티터크 크터피츠 터치프타 피츠퍼크 파츠퍼프 타치터크 티크파크
터프파크 파츠타크 티피트프 처터커피 티프크퍼 차트피크 피츠트크
터프카프 프트키처 치터피크 차타프크 므타느치 르차느키 으카프키
느커츠키 프피트티 크피프치 타키₩차 퍼치₩처 카피₩티 차티₩피
커피₩타 카피₩처 티프트, 치크츠. 타츠커, 파트커. 퍼트키,
처프키. 타치피, 터치피. 피차크, 터파크, 티트커, 처츠퍼.
타키차, 프키차. 커피차, 카피처. 차프키, 피트키. 실론티.

10 종합 활동

파일을 열고 카드에 숨겨진 단어를 암기 후 내용을 기록하여 몇 개나 암기할 수 있는지 테스트 해 보세요.

- ▶ 쇼 파일을 실행하여 놀이를 풀어보기
- ▶ **파일 경로** : 10장\암기력테스트.ppsm

● 암기력 테스트

CHAPTER 11

컴퓨터 교실 - 친구 작품 존중하기
창의력 교실 - 스도쿠 놀이
마우스 교실 - 색 칠하기
키보드 교실 - 키보드 자리 연습/시프트 자리 연습
종합 활동 - 퍼즐 맞추기

학습날짜	선생님 확인	부모님 확인
월 일		

11 컴퓨터 교실

친구 작품 존중하기에 대해 괄호 안에 들어갈 내용을 적어 보세요.
괄호 안에 정답은 없어요. 내 생각을 적으면 돼요.

● 친구 작품 존중하기(내 생각을 적어 보세요)

내 생각 :

내 생각 :

내 생각 :

내 생각 :

11 창의력 교실

스도쿠 놀이를 통해 창의력을 키워보세요.
아래는 6×6 스도쿠(숫자 1~6) 문제입니다.
규칙 : 가로/세로 블록마다 1~6이 한 번씩만 들어가요.

● 스도쿠 놀이(빈칸에 들어갈 숫자를 적어 보세요)

		3		6	
6			1		4
	4			2	
	2			5	
3		1			6
	6		3		

11 마우스 교실

어항속에 물이 없어서 그런지 물고기들이 찾아오지 않는 것 같아요.
우리 친구들이 어항속에 물고기도 그리고 물도 색칠해서 멋진 어항을
만들어 보세요.

- ▶ 그림판을 이용해서 예쁘게 색칠하기
- ▶ 파일 경로 : 11장\어항.png
  11장\어항(완성).png

● 색 칠하기(그림판을 이용해요)

● 완성 그림

11 키보드 교실

K마블 홈페이지에서 키보드 학습게임의 키보드 자리 연습/시프트 자리 연습을 해 보세요.

- ▶ **K마블** : www.kmabl.co.kr
- ▶ **키보드 연습 경로**
  (홈)-(마우스 & 키보드 학습게임)-(키보드 학습게임)-(키보드 자리 연습)

● 키보드 자리 연습(시프트 자리 연습)

왼손 시프트 자리	오른손 시프트 자리
~ ! @ # $ % ㅃ ㅉ ㄸ ㄲ ㅆ	^ & * ( ) _ + | ㅒ ㅖ { } : " 〈 〉 ?

생명력	○○○○○	평균 정확도	%
	○○○○○		%
	○○○○○		%

11 종합 활동

파일을 열고 표시된 그림 조각을 키보드의 방향키와 마우스를 이용하여 하나의 그림으로 맞춰보세요.

▶ **그림판을 이용해서 예쁘게 색칠하기**

▶ **파일 경로** : 11장\퍼즐놀이.pptx
11장\퍼즐놀이(완성).pptx

● 퍼즐 맞추기

● 완성 모습

(Hint)
그림 조각을 선택한 후 [Ctrl]을 누르고 방향키를 누르면 미세하게 움직여요.

CHAPTER 12

컴퓨터 교실 - 인터넷으로 할 수 있는 일
창의력 교실 - 스도쿠 놀이
마우스 교실 - 색 칠하기
키보드 교실 - 키보드 단어 연습/시프트 자리 단어연습
종합 활동 - 캠핑장 만들기

학습날짜	선생님 확인	부모님 확인
월 일		

12 컴퓨터 교실

인터넷으로 할 수 있는 일에 대해 괄호 안에 들어갈 내용을 적어 보세요.
괄호 안에 정답은 없어요. 내 생각을 적으면 돼요.

● 인터넷으로 할 수 있는 일(내 생각을 적어 보세요)

내 생각 :

내 생각 :

내 생각 :

내 생각 :

12 창의력 교실

스도쿠 놀이를 통해 창의력을 키워보세요.
아래는 6×6 스도쿠(숫자 1~6) 문제입니다.
규칙 : 가로/세로 블록마다 1~6이 한 번씩만 들어가요.

● 스도쿠 놀이(빈칸에 들어갈 숫자를 적어 보세요)

	2		4		
		4		6	
5			2		1
1		2			5
	6		5		
		3		1	

12 마우스 교실

물건을 운반하는 화물차에 짐이 너무 많이 실려 떨어질 것 같네요.
우리 친구들이 튼튼한 줄로 떨어지지 않도록 묶어주고 예쁘게 색칠해 보세요.

▶ **그림판을 이용해서 예쁘게 색칠하기**
▶ **파일 경로** : 12장\트럭.png
12장\트럭(완성).png

색 칠하기(그림판을 이용해요)

완성 그림

12 키보드 교실

K마블 홈페이지에서 키보드 학습게임의 키보드 단어 연습/시프트 자리 단어연습을 해 보세요.

▶ **K마블** : www.kmabl.co.kr
▶ **키보드 연습 경로**
〔홈〕-〔마우스 & 키보드 학습게임〕-〔키보드 학습게임〕-〔키보드 단어 연습〕

● 키보드 단어 연습(시프트 자리 단어연습)

12 종합 활동

캠핑장 파일을 열고 표시된 그림 조각을 캠핑장 배경에 맞게 원하는 위치에 배치하여 꾸며 보세요.

▶ **그림 조각을 배치해 보세요.**

▶ **파일 경로** : 12장\캠핑장.pptx
12장\캠핑장(완성).pptx

● 캠핑장 만들기

● 완성 모습

CHAPTER 13

컴퓨터 교실 - 개인정보란?
창의력 교실 - 스도쿠 놀이
마우스 교실 - 색 칠하기
키보드 교실 - 내용 입력하기
종합 활동 - 마우스로 미로 통과하기

학습날짜	선생님 확인	부모님 확인
월 일		

13 컴퓨터 교실

개인정보에 대해 괄호 안에 들어갈 내용을 적어 보세요.
괄호 안에 정답은 없어요. 내 생각을 적으면 돼요.

● 개인정보란?(내 생각을 적어 보세요)

내 생각 :

내 생각 :

내 생각 :

내 생각 :

13 창의력 교실

스도쿠 놀이를 통해 창의력을 키워보세요.
아래는 6×6 스도쿠(숫자 1~6) 문제입니다.
규칙 : 가로/세로 블록마다 1~6이 한 번씩만 들어가요.

● 스도쿠 놀이(빈칸에 들어갈 숫자를 적어 보세요)

		5			2
2			6		
	6			3	
	3			4	
		2			6
6			1		

13 마우스 교실

예쁜 무당벌레를 그릴려고 하는데 그림에 반밖에 그리지 못했어요.
우리 친구들이 나머지 부분을 복사 후 회전하여 무당벌레 모양을 완성하고
예쁘게 색칠해 보세요.

▶ 그림판을 이용해서 예쁘게 색칠하기
▶ **파일 경로** : 13장\무당벌레.png
13장\무당벌레(완성).png

● 색 칠하기(그림판을 이용해요)

● 완성 그림

13 키보드 교실

기본 자리와 윗 자리, 아랫 자리 연습을 위해 메모장 프로그램을 실행한 후 아래 내용을 입력해 보세요.
자판을 보지않고 항상 기본 자리의 손가락 위치를 생각하면서 입력해야 도움이 되요.

▶ 메모장을 이용해서 입력하기

▶ **파일 경로** : 13장\내용입력(완성).txt

● 내용 입력하기

빠찌빠찌 따끼따끼 짜씨짜씨 싸삐싸삐 까찌까찌 짜삐짜삐 삐까삐까
띠까띠까 찌따찌따 끼빠끼빠 씨따씨따 삐끼띠짜 애계애계 얘기얘기
계레계레 매례매례 어얘어얘 네녜메례 라몌라몌 에얘에얘 마례마례
얘미얘미 레매이매 마매미매 빼라삐레 떼리에끼 따래삐네 까나삐네
띠메찌대 싸니때메 계라계리 걔네걔네 베얘비얘 네몌너몌 대례다례
재미재미 쟤네미례 개네얘게 메니몌이 배리배니 데리예리 얘기쟤기
계삐쟤끼 얘끼예삐 삐리빠례 짜리짜얘 떼이띠예 끼리깨래 끼끼빠빠

꼬마사전 뚜레쥬르 얘깃거리 떼쟁이로 깨비키즈 폐차준비 짜파게티
꿀맛닷컴 빰빠라밤 귀뚜라미 코끼리떼 계절요리 예의예절 뿌리따로
써커스짱 얘기빨래 빨리빨리 아빠솜씨 따따부따 쭈꾸미요 쑥쑥자라
까마귀떼 꼬꼬볶음 뽁뽁이네 뽀글뽀글 쌍란계란 계절마다 떼로지어
짱짱한날 계속되는 까까머리 국민의례 폐렴의심 옛날옛날 까다로워
귀뚜라미 뽀글라멘 들쑥날쑥 딸기따봉 매미한쌍 코뿔소뿔 딸부자집
강이지똥 쏘렌토차 쑥부쟁이 땅끝마을 딸기체험 짜장뷔페 빨래빨리

13 종합 활동

파일을 열고 마우스로 미로를 통과하는 마우스 게임을 시작해 보세요.

▶ 쇼 파일을 실행하여 놀이를 풀어보기

▶ **파일 경로** : 13장\마우스게임.ppsx

● 마우스로 미로 통과하기

CHAPTER 14

컴퓨터 교실 - 바이러스를 조심해요
창의력 교실 - 덧셈 놀이
마우스 교실 - 색 칠하기
키보드 교실 - K마블 본부 수호작전
종합 활동 - 단어 만들기

학습날짜	선생님 확인	부모님 확인
월　　일		

14 컴퓨터 교실

바이러스에 대해 괄호 안에 들어갈 내용을 적어 보세요.
괄호 안에 정답은 없어요. 내 생각을 적으면 돼요.

● 바이러스를 조심해요(내 생각을 적어 보세요)

내 생각 :

내 생각 :

내 생각 :

내 생각 :

14 창의력 교실

덧셈 놀이를 통해 창의력을 키워보세요.
규칙 : 가로/세로 덧셈 결과 값이 같도록 빈칸을 채워보세요.

● 덧셈 놀이(빈칸에 들어갈 숫자를 적어 보세요)

	+		=	4
+		+		+
	+		=	4
=		=		=
3	+	5	=	8

14 마우스 교실

이번 크리스마스에는 내 힘으로 트리를 완성하고 싶은데 ~~ 트리에 장식할 소품이 서로 떨어져 있네요.
떨어진 장식 소품을 트리에 달고 예쁘게 색칠해 보세요.

▶ 그림판을 이용해서 예쁘게 색칠하기
▶ 파일 경로 : 14장\트리.png
14장\트리(완성).png

● 색 칠하기(그림판을 이용해요)

● 완성 그림

14 키보드 교실

K마블 홈페이지에서 키보드 학습게임의 K마블 본부 수호작전을 연습해 보세요. K마블 본부 수호작전은 본부를 향해 날아오는 적 함대를 무찌르는 게임입니다.

▶ **K마블** : www.kmabl.co.kr
▶ **키보드 연습 경로**
(홈)-(마우스 & 키보드 학습게임)-(키보드 학습게임)-(K마블 본부 수호작전)

● K마블 본부 수호작전

회차	1회	2회	3회	4회	5회	6회	7회	8회	9회	10회
점수										

14 종합 활동

인접한 가로와 세로 위치의 글자를 기준으로 서로 묶어 단어를 만들어 보세요.

● 단어 만들기

연	태	려	음	만	불	미	모
발	장	지	부	표	티	남	설
내	돈	아	처	달	수	할	계
외	작	움	현	히	속	신	임
하	된	성	전	식	단	건	각
다	하	존	생	풍	연	교	비
남	자	범	공	문	요	입	가
오	경	관	래	도	할	방	야

미남, 미모

CHAPTER 15

컴퓨터 교실 - 프로그램 마음대로 설치 금지
창의력 교실 - 뺄셈 놀이
마우스 교실 - 색 칠하기
키보드 교실 - 키보드 짧은 글 연습/컴퓨터 코딩 등 IT
종합 활동 - 미로 만들기

학습날짜	선생님 확인	부모님 확인
월 일		

15 컴퓨터 교실

컴퓨터실 컴퓨터 사용시 유의사항에 대해 괄호 안에 들어갈 내용을 적어 보세요.
괄호 안에 정답은 없어요. 내 생각을 적으면 돼요.

● 프로그램 마음대로 설치 금지(내 생각을 적어 보세요)

내 생각 :

내 생각 :

내 생각 :

내 생각 :

15 창의력 교실

뺄셈 놀이를 통해 창의력을 키워보세요.
규칙 : 가로/세로 뺄셈 결과 값이 같도록 빈칸을 채워보세요.

● 뺄셈 놀이(빈칸에 들어갈 숫자를 적어 보세요)

	-		=	5
-		-		-
	-		=	5
=		=		=
1	-	1	=	0

15 마우스 교실

맛있는 피자를 만들려고 하는데 다양한 토핑들이 밖에 떨어져 있네요~~
피자 도우 안에 토핑을 담고 치즈가루 등을 얹어 맛있는 피자를 만들어 보세요.

▶ 그림판을 이용해서 예쁘게 색칠하기

▶ **파일 경로** : 15장\피자.png
15장\피자(완성).png

● 색 칠하기(그림판을 이용해요)

● 완성 그림

15 키보드 교실

K마블 홈페이지에서 키보드 학습게임의 키보드 짧은 글 연습/컴퓨터 코딩 등 IT를 연습해 보세요.

▶ K마블 : www.kmabl.co.kr
▶ 키보드 연습 경로
(홈)-(마우스 & 키보드 학습게임)-(키보드 학습게임)-(키보드 짧은 글 연습)

● 키보드 짧은 글 연습(컴퓨터 코딩 등 IT)

회차	1회	2회	3회	4회	5회	6회	7회	8회	9회	10회
점수										

15 종합 활동

파일을 열고 마우스로 미로를 통과하는 나만의 미로를 만들어 보세요.

▶ **쇼 파일을 실행하여 놀이를 풀어보기**
▶ **파일 경로** : 15장\미로만들기.ppsx

● 미로 만들기

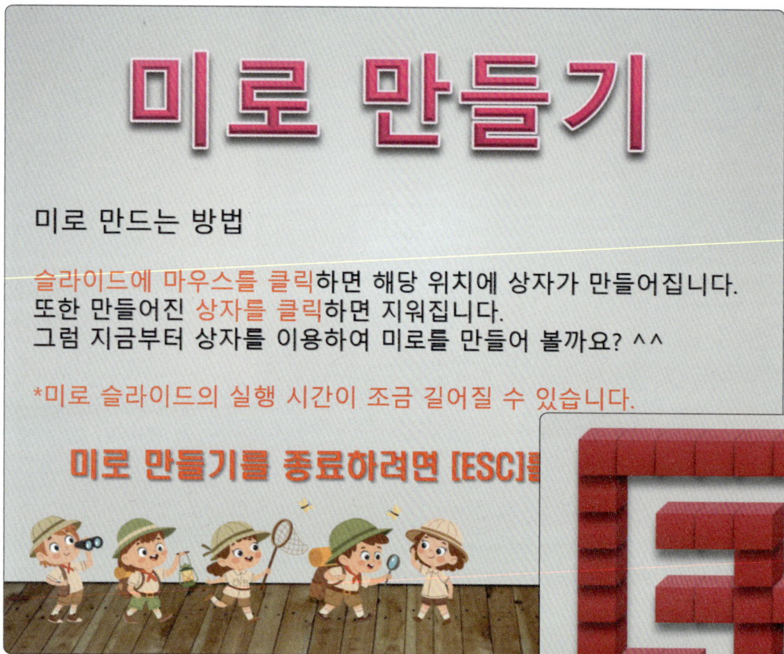

● 완성 그림

CHAPTER 16

컴퓨터 교실 - 낯선 사람과 대화 금지
창의력 교실 - 덧셈/뺄셈 놀이
마우스 교실 - 사칙연산 게임
키보드 교실 - 키보드 긴 글 연습/사회 생활
종합 활동 - 같은 그룹 만들기

학습날짜	선생님 확인	부모님 확인
월 일		

16 컴퓨터 교실

채팅의 위험성에 대해 괄호 안에 들어갈 내용을 적어 보세요.
괄호 안에 정답은 없어요. 내 생각을 적으면 돼요.

● 낯선 사람과 대화 금지(내 생각을 적어 보세요)

내 생각 :

내 생각 :

내 생각 :

내 생각 :

16 창의력 교실

덧셈/뺄셈 놀이를 통해 창의력을 키워보세요.

규칙 : 가로/세로 덧셈과 뺄셈의 결과 값이 같도록 빈칸을 채워보세요.

● 덧셈/뺄셈 놀이(빈칸에 들어갈 숫자를 적어 보세요)

	+		=	7
+		+		-
	-		=	3
=		=		=
9	-	5	=	4

16 마우스 교실

K마블 홈페이지에서 마우스 게임의 사칙연산 게임을 연습해 보세요.

▶ **K마블** : www.kmabl.co.kr
▶ **키보드 연습 경로**
(홈)-(마우스 & 키보드 학습게임)-(마우스 게임)-(사칙연산 게임)

● 사칙연산 게임

회차	1회	2회	3회	4회	5회	6회	7회	8회	9회	10회
점수										

16 키보드 교실

K마블 홈페이지에서 키보드 학습게임의 키보드 긴 글 연습/사회 생활을 연습해 보세요.

▶ **K마블** : www.kmabl.co.kr
▶ **키보드 연습 경로**
[홈]-[마우스 & 키보드 학습게임]-[키보드 학습게임]-[키보드 긴 글 연습]

● 키보드 긴 글 연습(사회 생활)

회차	1회	2회	3회	4회	5회	6회	7회	8회	9회	10회
점수										

16 종합 활동

보기의 동물 중에서 서로 관련이 있는 동물들의 그룹 이름을 만들고 해당 동물을 서로 묶어보세요.

● 같은 그룹 만들기

보기의 동물 중에서 서로 관련이 있는 동물을 찾아서 서로 묶어 보세요.

①

②

③

④

⑤

⑥

⑦

⑧

	그룹 이름		동물
1	다리가 2개인 동물	–	⑤ 앵무새, ⑧ 타조
2		–	
3		–	

CHAPTER 17

컴퓨터 교실 - 저작권이란?
창의력 교실 - 스도쿠 놀이
마우스 교실 - 색 칠하기
키보드 교실 - 틀린 문장 고치기
종합 활동 - 숨은 그림 찾기

학습날짜	선생님 확인	부모님 확인
월 일		

17 컴퓨터 교실

저작권에 대해 괄호 안에 들어갈 내용을 적어 보세요.
괄호 안에 정답은 없어요. 내 생각을 적으면 돼요.

● 저작권이란?(내 생각을 적어 보세요)

내 생각 :

내 생각 :

내 생각 :

내 생각 :

17 창의력 교실

스도쿠 놀이를 통해 창의력을 키워보세요.
아래는 6×6 스도쿠(숫자 1~6) 문제입니다.
규칙 : 가로/세로 블록마다 1~6이 한 번씩만 들어가요.

● 스도쿠 놀이(빈칸에 들어갈 숫자를 적어 보세요)

1	2		4		6
	5	6		2	
2		4	5		1
5	6		2	3	
	4	5		1	2
6		2	3		5

17 마우스 교실

토끼와 여우가 별님을 달고 있네요. 떨어지지 않도록 의자를 만들고 예쁘게 색칠해 보세요.

▶ 그림판을 이용해서 예쁘게 색칠하기

▶ 파일 경로 : 08장\토끼여우.png
08장\토끼여우(완성).png

● 색 칠하기(그림판을 이용해요)

● 완성 그림

17 키보드 교실

K마블 홈페이지에서 키보드 학습게임의 틀린 문장 고치기를 연습해 보세요. 틀린 문장 고치기는 주어진 문제의 오타 또는 띄어쓰기 등의 오류를 찾아 수정하는 게임입니다.

▶ **K마블** : www.kmabl.co.kr
▶ **키보드 연습 경로**
(홈)-(마우스 & 키보드 학습게임)-(키보드 학습게임)-(틀린 문장 고치기)

● 틀린 문장 고치기

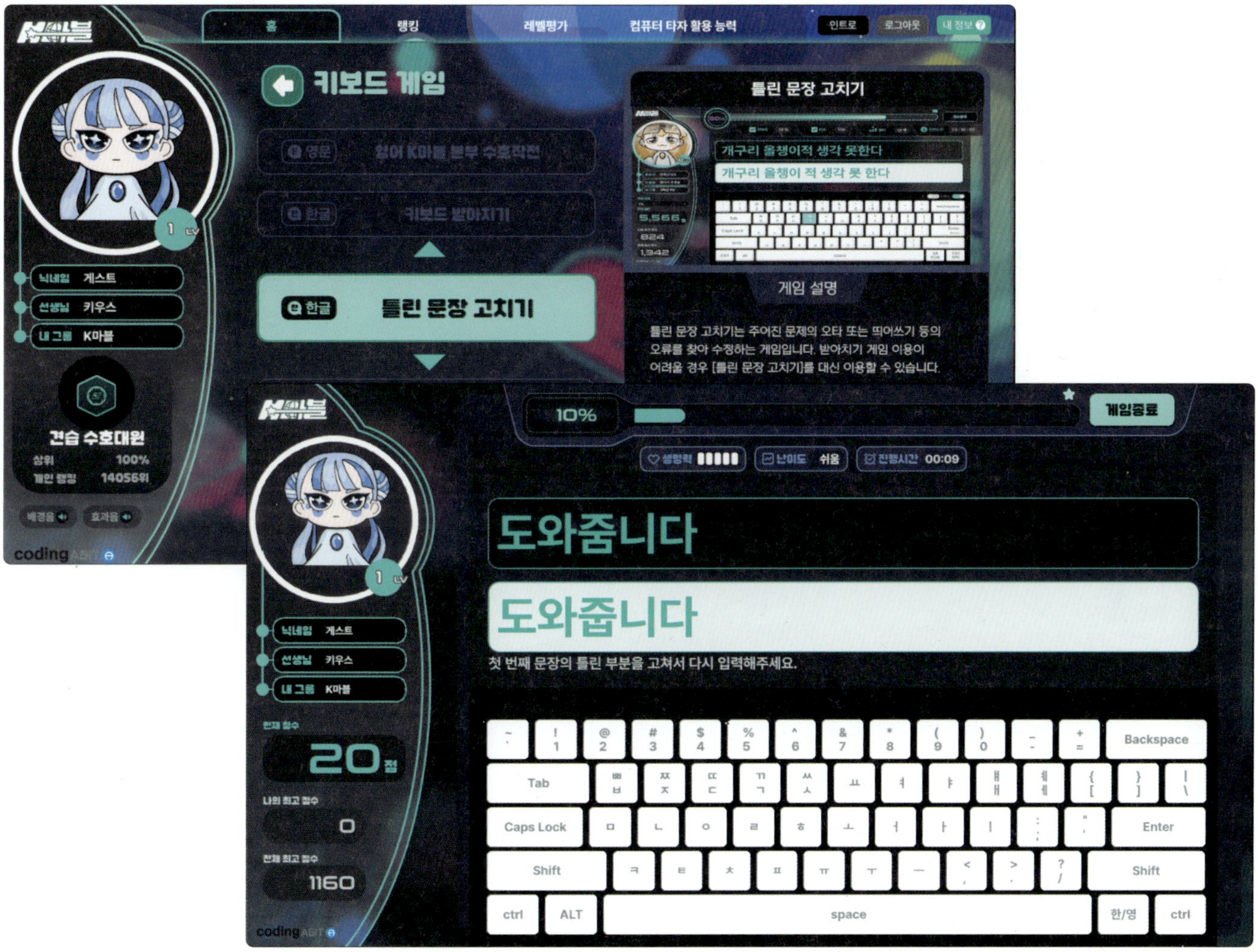

회차	1회	2회	3회	4회	5회	6회	7회	8회	9회	10회
점수										

17 종합 활동

파일을 실행하고 그림에 숨겨진 6개의 숨은 그림을 찾아보세요.

▶ 숨은 그림을 찾아 클릭

▶ **파일 경로** : 17장\숨은그림찾기.ppsx

● 숨은 그림 찾기

● 찾은 그림

CHAPTER 18

컴퓨터 교실 - 인터넷 사용 시간
창의력 교실 - 스도쿠 놀이
마우스 교실 - 색 칠하기
키보드 교실 - 단어 연상 게임
종합 활동 - 색 맞추기

학습날짜	선생님 확인	부모님 확인
월 일		

18 컴퓨터 교실

인터넷 사용 시간에 대해 괄호 안에 들어갈 내용을 적어 보세요.
괄호 안에 정답은 없어요. 내 생각을 적으면 돼요.

● 인터넷 사용 시간(내 생각을 적어 보세요)

내 생각 :

내 생각 :

내 생각 :

내 생각 :

18 창의력 교실

스도쿠 놀이를 통해 창의력을 키워보세요.
아래는 6×6 스도쿠(숫자 1~6) 문제입니다.
규칙 : 가로/세로 블록마다 1~6이 한 번씩만 들어가요.

● 스도쿠 놀이(빈칸에 들어갈 숫자를 적어 보세요)

4		6		2	3
	2	3	4		6
5	6		2		4
	3	4		6	1
6		2	3	4	
3	4		6		2

18 마우스 교실

이번 생이날 친구들을 초대하려고 해요. 간단한 초대의 글과 함께 케익을
예쁘게 색칠해 친구들에게 주면 어떨까요?

▶ 그림판을 이용해서 예쁘게 색칠하기

▶ 파일 경로 : 18장\케익.png
18장\케익(완성).png

● 색 칠하기(그림판을 이용해요)

● 완성 그림

18 키보드 교실

K마블 홈페이지에서 키보드 학습게임의 단어 연상 게임을 해 보세요.

▶ **K마블** : www.kmabl.co.kr
▶ **키보드 연습 경로**
(홈)-(마우스 & 키보드 학습게임)-(키보드 학습게임)-(단어 연상 게임)

● 단어 연상 게임

회차	1회	2회	3회	4회	5회	6회	7회	8회	9회	10회
점수										

18 종합 활동

그림판에서 빨강, 파랑, 녹색, 노랑 등 4가지의 색을 서로 겹치지 않도록 칠하여 그림을 채워 보세요.

▶ **숨은 그림을 찾아 클릭**

▶ **파일 경로** : 18장\색 맞추기.png
18장\색 맞추기(완성).png

● 색 맞추기(그림판을 이용해요)

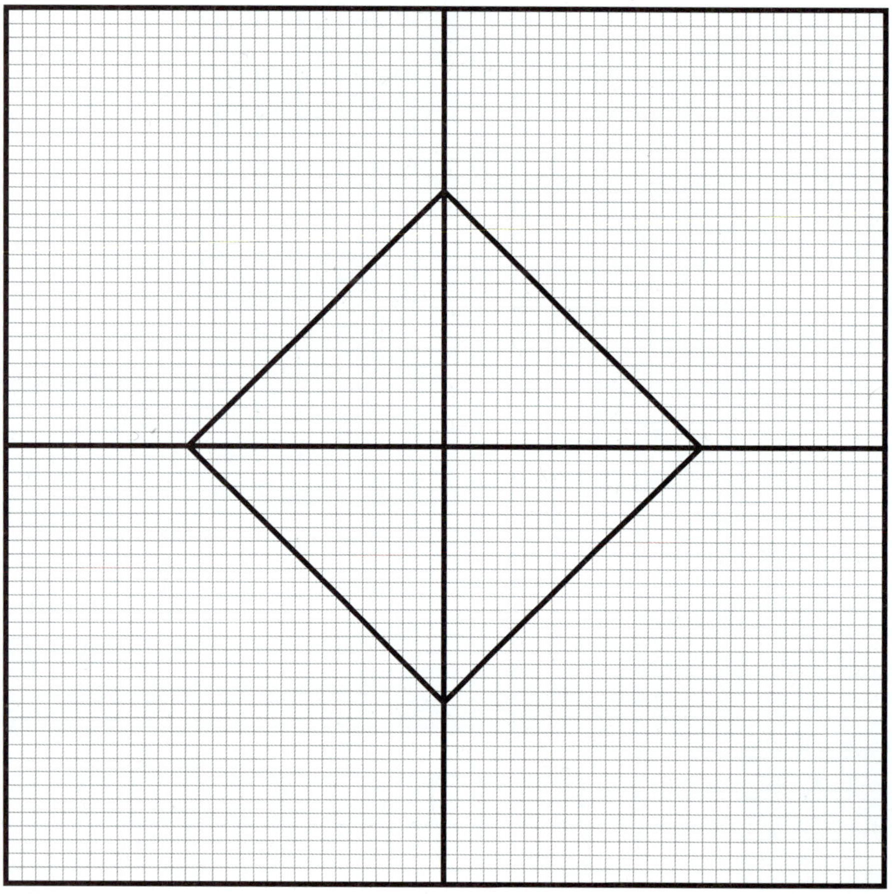

CHAPTER 19

컴퓨터 교실 - 게임 예절
창의력 교실 - 규칙 놀이
마우스 교실 - 색 칠하기
키보드 교실 - 키보드 긴 글 연습/과학 탐구
종합 활동 - 틀린 그림 찾기

학습날짜	선생님 확인	부모님 확인
월 일		

19 컴퓨터 교실

게임 예절에 대해 괄호 안에 들어갈 내용을 적어 보세요.
괄호 안에 정답은 없어요. 내 생각을 적으면 돼요.'

● 게임 예절(내 생각을 적어 보세요)

내 생각 :

내 생각 :

내 생각 :

내 생각 :

19 창의력 교실

규칙 놀이를 통해 창의력을 키워보세요.

규칙 : 가로에 사칙연산 기호를 채워 결과 값이 같도록 기호를 적어보세요.

● 규칙 놀이(빈칸에 들어갈 연산 기호를 적어 보세요)

3		4	=	7
6		2	=	4
4		5	=	20
9		3	=	3

3		8		7	=	4
6		2		4	=	1

19 마우스 교실

다리를 건너가는 기차에 한칸이 터널을 통과하면서 먼지로 지워졌나봐요.
흐리게 표시된 기차 칸을 예쁘게 그리고 색칠해 보세요.

▶ 그림판을 이용해서 예쁘게 색칠하기
▶ 파일 경로 : 19장\기차.png
19장\기차(완성).png

● 색 칠하기(그림판을 이용해요)

● 완성 그림

19 키보드 교실

K마블 홈페이지에서 키보드 학습게임의 키보드 긴 글 연습/과학 탐구를 연습해 보세요.

▶ **K마블** : www.kmabl.co.kr

▶ **키보드 연습 경로**
〔홈〕-〔마우스 & 키보드 학습게임〕-
〔키보드 학습게임〕-〔키보드 긴 글 연습〕

● 키보드 긴 글 연습(과학 탐구)

회차	1회	2회	3회	4회	5회	6회	7회	8회	9회	10회
점수										

19 종합 활동

파일을 열고 두 개의 그림을 서로 비교하여 틀린 부분(6곳)을 찾아보세요.

▶ **파일 경로** : 19장\틀린그림찾기.ppsx

● 틀린 그림 찾기

CHAPTER 20

컴퓨터 교실 - 온라인 예절
창의력 교실 - 스도쿠 놀이
마우스 교실 - 점 잇기 및 색 칠하기
키보드 교실 - 키보드 긴 글 연습/한국사 세계사
종합 활동 - 항구 만들기

학습날짜	선생님 확인	부모님 확인
월 일		

20 컴퓨터 교실

온라인 예절에 대해 괄호 안에 들어갈 내용을 적어 보세요.
괄호 안에 정답은 없어요. 내 생각을 적으면 돼요.

● 온라인 예절(내 생각을 적어 보세요)

내 생각 :

내 생각 :

내 생각 :

내 생각 :

20 창의력 교실

스도쿠 놀이를 통해 창의력을 키워보세요.
아래는 6×6 스도쿠(숫자 1~6) 문제입니다.
규칙 : 가로/세로 블록마다 1~6이 한 번씩만 들어가요.

● 스도쿠 놀이(빈칸에 들어갈 숫자를 적어 보세요)

	4		6		2
6		2		4	
	5		1		3
1		3		5	
	6		2		4
2		4		6	

20 마우스 교실

돼지가 점심을 잘못 먹었는지 점점 사라지고 있어요. 다 사라지기 전에 돼지를 살려볼까요~~
아직 점이 남았으니 우리 친구들이 돼지의 점들을 이어 돼지를 그려주고 예쁘게 색칠해 보세요.

▶ **그림판을 이용해서 예쁘게 색칠하기**
▶ **파일 경로** : 20장\돼지.png
20장\돼지(완성).png

● 색 칠하기(그림판을 이용해요)

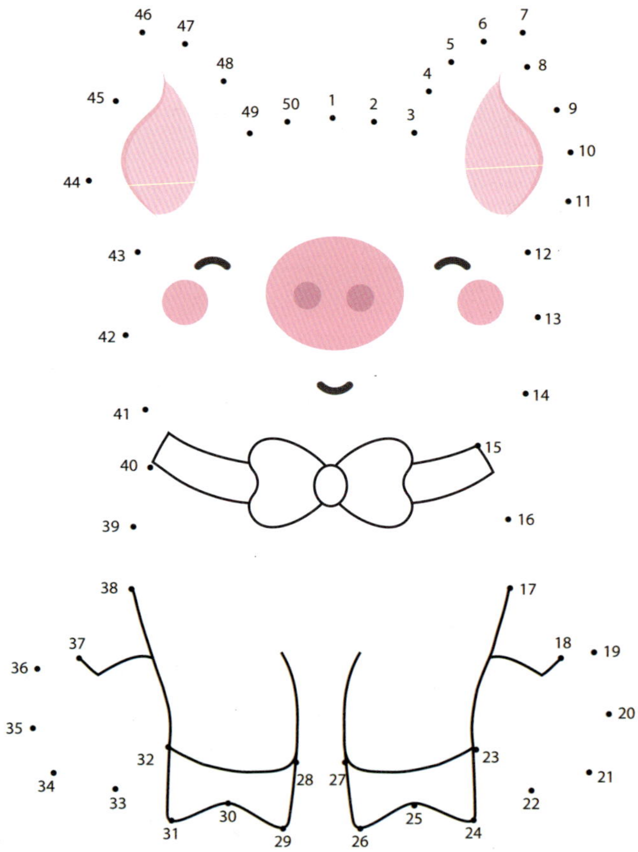

20 키보드 교실

K마블 홈페이지에서 키보드 학습게임의 키보드 긴 글 연습/한국사 세계사를 연습해 보세요.

▶ **K마블** : www.kmabl.co.kr
▶ **키보드 연습 경로**
(홈)-(마우스 & 키보드 학습게임)-(키보드 학습게임)-(키보드 긴 글 연습)

● 키보드 긴 글 연습(한국사 세계사)

회차	1회	2회	3회	4회	5회	6회	7회	8회	9회	10회
점수										

20 종합 활동

항구 파일을 열고 표시된 그림 조각을 항구 배경에 맞게 원하는 위치에 배치하여 꾸며 보세요.

▶ 그림 조각을 배치해 보세요.

▶ 파일 경로 : 20장\항구.pptx
20장\항구(완성).pptx

● 항구 만들기

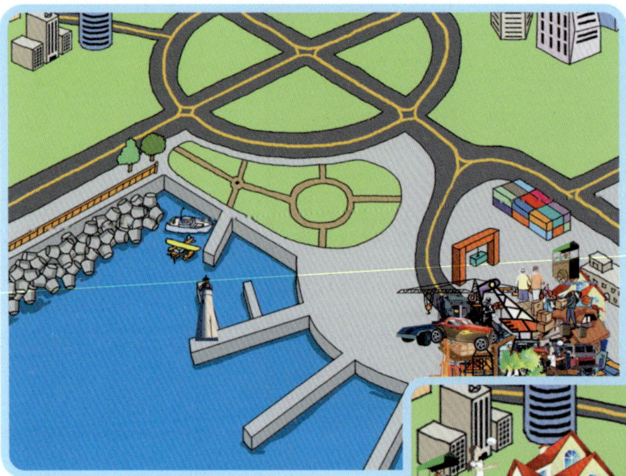

● 완성 모습

CHAPTER 21

컴퓨터 교실 - 정리하는 습관
창의력 교실 - 규칙 놀이
마우스 교실 - 색 칠하기
키보드 교실 - 영어 키보드 자리 연습\기본 자리 연습
종합 활동 - 숨은 그림 찾기

학습날짜	선생님 확인	부모님 확인
월　일		

21 컴퓨터 교실

정리하는 습관에 대해 괄호 안에 들어갈 내용을 적어 보세요.
괄호 안에 정답은 없어요. 내 생각을 적으면 돼요.

● 정리하는 습관(내 생각을 적어 보세요)

내 생각 :

내 생각 :

내 생각 :

내 생각 :

21 창의력 교실

규칙 놀이를 통해 창의력을 키워보세요.
모양 및 숫자들의 규칙을 찾아 빈칸에 들어갈 모양 및 숫자를 적어 보세요.

● 규칙 놀이(빈칸에 들어갈 기호를 적어 보세요)

▲	◆◆	◉◉◉	▲▲▲▲	◆◆◆◆◆	

● 규칙 놀이(빈칸에 들어갈 숫자를 적어 보세요)

2	3	5	8	12	

1	2	4	8	16	

2	1	3	4		11

21 마우스 교실

바다를 항해하는 돛단배가 바람이 잘 불고 있는데도 움직이지 않고 있어요.
돛단배의 돛을 만들어 항해를 무사히 잘 마칠 수 있도록 도와주세요.

▶ 그림판을 이용해서 예쁘게 색칠하기

▶ 파일 경로 : 21장\돛단배.png
21장\돛단배(완성).png

● 색 칠하기(그림판을 이용해요)

● 완성 그림

21 키보드 교실

K마블 홈페이지에서 키보드 학습게임의 영어 키보드 자리 연습/기본 자리 연습을 해 보세요.

▶ **K마블** : www.kmabl.co.kr

▶ **키보드 연습 경로**
(홈)-(마우스 & 키보드 학습게임)-(키보드 학습게임)-(영어 키보드 자리 연습)

● 영어 키보드 자리 연습(기본 자리 연습)

21 종합 활동

파일을 실행하고 그림에 숨겨진 7개의 숨은 그림을 찾아보세요.

▶ 숨은 그림을 찾아 클릭
▶ **파일 경로** : 21장\숨은그림찾기2.ppsx

숨은 그림 찾기

찾은 그림

CHAPTER 22

컴퓨터 교실 - 집에서의 컴퓨터 약속
창의력 교실 - 스도쿠 놀이
마우스 교실 - 색 칠하기
키보드 교실 - 영어 키보드 단어 연습/영어 동사 단어연습
종합 활동 - 암기력 텍스트

학습날짜	선생님 확인	부모님 확인
월 일		

22 컴퓨터 교실

집에서의 컴퓨터 약속에 대해 괄호 안에 들어갈 내용을 적어 보세요.
괄호 안에 정답은 없어요. 내 생각을 적으면 돼요.

● 집에서의 컴퓨터 약속(내 생각을 적어 보세요)

내 생각 :

내 생각 :

내 생각 :

내 생각 :

22 창의력 교실

스도쿠 놀이를 통해 창의력을 키워보세요.
아래는 6×6 스도쿠(숫자 1~6) 문제입니다.
규칙 : 가로/세로 블록마다 1~6가 한 번씩만 들어가요.

● 스도쿠 놀이(빈칸에 들어갈 숫자를 적어 보세요)

2				4	
		4	3		
	5				6
		2		1	
	1		2		
		3		6	

22 마우스 교실

댕댕이가 우주로 가는데 우주선이 점점 사라지고 있어요. 다 사라지기 전에 우주선을 그려 우주로 갈 수 있도록 해 볼까요~~
아직 점이 남았으니 우리 친구들이 점들을 이어 우주선을 그려주고 예쁘게 색칠해 보세요.

▶ 그림판을 이용해서 예쁘게 색칠하기
▶ 파일 경로 : 22장\우주선.png
22장\우주선(완성).png

● 색 칠하기(그림판을 이용해요)

● 완성 그림

22 키보드 교실

K마블 홈페이지에서 키보드 학습게임의 영어 키보드 단어 연습/영어 동사 단어연습을 해 보세요.

▶ **K마블** : www.kmabl.co.kr
▶ **키보드 연습 경로**
(홈)-(마우스 & 키보드 학습게임)-(키보드 학습게임)-(키보드 긴 글 연습)

● 영어 키보드 단어 연습(영어 동사 단어연습)

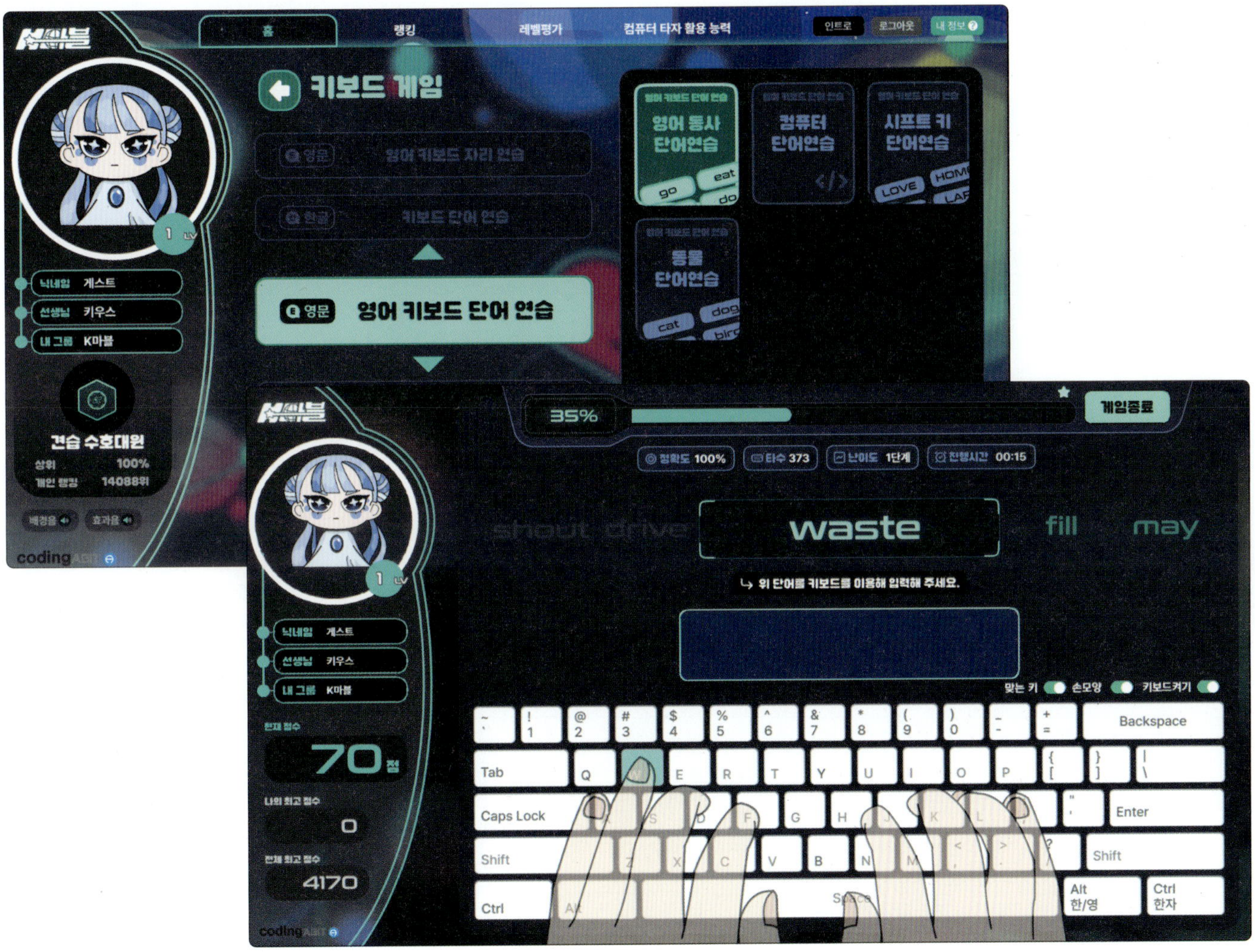

22 종합 활동

파일을 열고 카드에 숨겨진 단어를 암기 후 내용을 기록하여 몇 개나 암기할 수 있는지 테스트 해보세요.

▶ **쇼 파일을 실행하여 놀이를 풀어보기**
▶ **파일 경로** : 22장\암기력테스트.ppsm

● 암기력 테스트

CHAPTER 23

컴퓨터 교실 - 미래의 디지털 세상
창의력 교실 - 규칙 놀이
마우스 교실 - 색 칠하기
키보드 교실 - 키보드 영어 짧은 글 연습/숙어 연습
종합 활동 - 틀린 그림 찾기

학습날짜	선생님 확인	부모님 확인
월 일		

23 컴퓨터 교실

미래의 디지털 세상에 대해 괄호 안에 들어갈 내용을 적어 보세요.
맨 아래 궁금 사항을 추가로 적어 보세요.

● 미래의 디지털 세상(내 생각을 적어 보세요)

내 생각 :

내 생각 :

내 생각 :

내 미래 꿈 :

23 창의력 교실

규칙 놀이를 통해 창의력을 키워보세요.
숫자들의 규칙을 찾아 빈칸에 들어갈 숫자를 적어 보세요.

● 규칙 놀이(빈칸에 들어갈 숫자를 적어 보세요)

4	9	6	7	8	5	10		

※ 힌트 : 홀수 항과 짝수 항을 분리해서 규칙을 찾아봐요.

5	8	16	13	16	32	29		

※ 힌트 : +3 → ×2 → −3

2	5	9	14	20	27		44	

※ 힌트 : 증가폭이 일정하게 늘어남

3◆	5▲	10●	8◆	10▲	20●	18◆		

※ 힌트 : ◆ = +2, ▲ = ×2, ● = -2

23 마우스 교실

친구들과 음료수를 마실려고 컵에 음료수를 담고 있는데 그림에 뭔가 이상한 점이 있네요.
우리 친구들이 잘못된 부분이 어디인지 수정하고 예쁘게 색칠해 보세요.

▶ 그림판을 이용해서 예쁘게 색칠하기
▶ **파일 경로** : 23장\음료수.png
23장\음료수(완성).png

● 색 칠하기(그림판을 이용해요)

● 완성 그림

23 키보드 교실

K마블 홈페이지에서 키보드 학습게임의 키보드 영어 짧은 글 연습/숙어 연습을 해 보세요.

▶ K마블 : www.kmabl.co.kr
▶ 키보드 연습 경로
(홈)-(마우스 & 키보드 학습게임)-(키보드 학습게임)-(키보드 영어 짧은 글 연습)

● 키보드 영어 짧은 글 연습(숙어 연습)

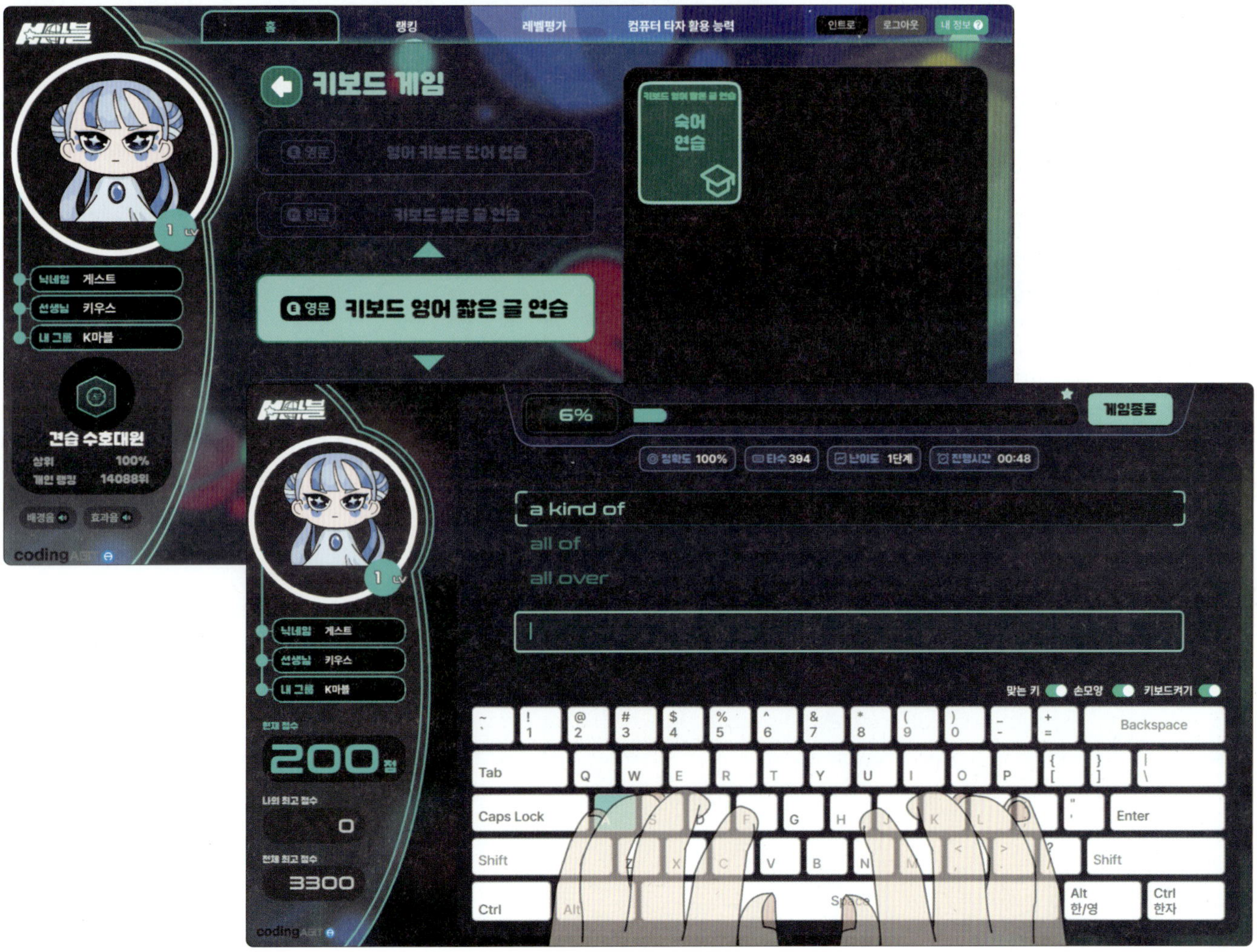

23 종합 활동

파일을 열고 두 개의 그림을 서로 비교하여 틀린 부분(6곳)을 찾아보세요.

▶ **파일 경로** : 23장\틀린그림찾기.ppsx

● 틀린 그림 찾기

CHAPTER 24

컴퓨터 교실 - 우리는 멋진 디지털 시민
창의력 교실 - 스도쿠 놀이
마우스 교실 - 색 칠하기
키보드 교실 - 영어 K마블 본부 수호작전
종합 활동 - 같은 그룹 만들기

학습날짜	선생님 확인	부모님 확인
월 일		

24 컴퓨터 교실

우리는 멋진 디지털 시민에 대해 괄호 안에 들어갈 내용을 적어 보세요.
맨 아래 궁금 사항을 추가로 적어 보세요.

● 우리는 멋진 디지털 시민(내 생각을 적어 보세요)

내 생각 :

내 생각 :

친구를 칭찬해요 :

내 약속 :

24 창의력 교실

스도쿠 놀이를 통해 창의력을 키워보세요.
아래는 6×6 스도쿠(숫자 1~6) 문제입니다.
규칙 : 가로/세로 블록마다 1~6가 한 번씩만 들어가요.

● 스도쿠 놀이(빈칸에 들어갈 숫자를 적어 보세요)

	3				6
5			4		
		4		5	
		2			4
	4				5
2			1		

24 마우스 교실

비오는 날 친구와 우산을 쓰고 가고 있는데 우산이 부러지고 찢어져 엉망이네요.
어쩌죠? 고장난 우산을 멋진 우산으로 변신해 예쁘게 색칠해 볼까요?

▶ 그림판을 이용해서 예쁘게 색칠하기
▶ 파일 경로 : 24장\우산.png
24장\우산(완성).png

● 색 칠하기(그림판을 이용해요)

● 완성 그림

24 키보드 교실

K마블 홈페이지에서 키보드 학습게임의 영어 K마블 본부 수호작전을 해 보세요.

▶ K마블 : www.kmabl.co.kr
▶ 키보드 연습 경로
(홈)-(마우스 & 키보드 학습게임)-(키보드 학습게임)-(영어 K마블 본부 수호작전)

● 영어 K마블 본부 수호작전

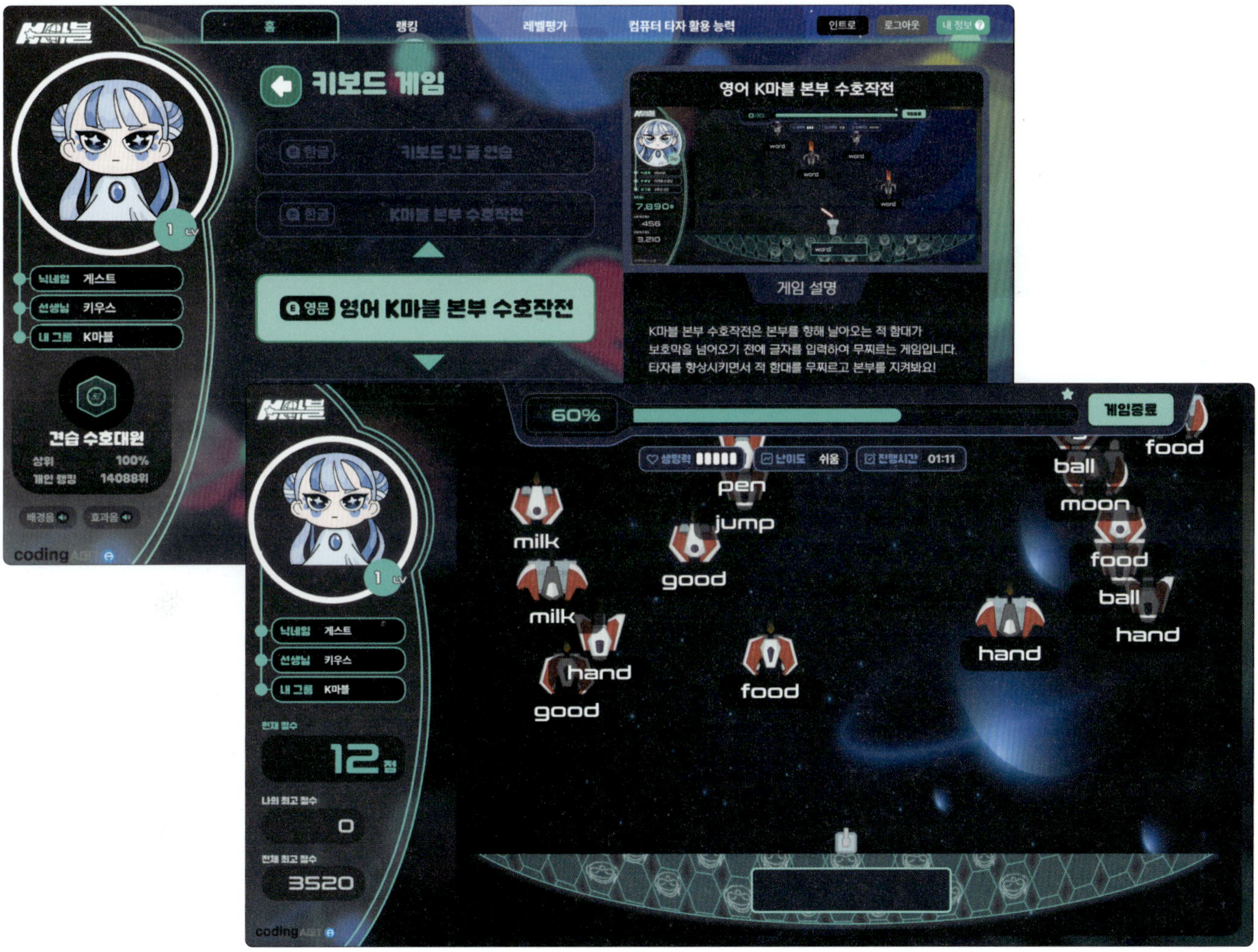

24 종합 활동

보기의 음식 중에서 서로 관련이 있는 음식들의 그룹 이름을 만들고 해당 음식을 서로 묶어보세요.

● 같은 그룹 만들기

보기의 음식 중에서 나라별로 대표하는 요리를 찾아서 서로 묶어 보세요.

❶

❷

❸

❹

❺

❻

❼

❽

1	이탈리아	–	❶ 파스타, ❼ 피자
2		–	
3		–	